北京市社会科学基金规划青年项目
"全球数字经济标杆城市建设下北京数字流通发展研究"（22JJC027）
重点研究成果

数 字 流 通

——数字经济驱动现代流通业变革

王春娟◎著

中国商务出版社

·北京·

图书在版编目（CIP）数据

数字流通：数字经济驱动现代流通业变革/ 王春娟

著. — 北京：中国商务出版社，2023.9（2024.11重印）

ISBN 978-7-5103-4793-1

Ⅰ．①数… Ⅱ．①王… Ⅲ．①信息经济—作用—流通

业—研究 Ⅳ．①F713

中国国家版本馆CIP数据核字（2023）第165848号

数字流通——数字经济驱动现代流通业变革

SHUZI LIUTONG —— SHUZI JINGJI QUDONG XIANDAI LIUTONGYE BIANGE

王春娟 著

出　版：中国商务出版社		
地　址：北京市东城区安外东后巷28号　　邮　编：100710		
责任部门：商务事业部（010-64269744　bjys@cctpress.com）		
责任编辑：周水琴		
直销客服：010-64266119		
总发行：中国商务出版社发行部（010-64208388　64515150）		
网购零售：中国商务出版社淘宝店（010-64286917）		
网　址：http://www.cctpress.com		
网　店：https://shop595663922.taobao.com		
排　版：廊坊展博印刷设计有限公司		
印　刷：廊坊市蓝海德彩印有限公司		

开　本：710毫米×1000毫米　1/16	
印　张：14.25	字　数：245千字
版　次：2023年9月第1版	印　次：2024年11月第2次印刷
书　号：ISBN 978-7-5103-4793-1	
定　价：68.00元	

凡所购本版图书如有印装质量问题，请与本社印制部联系（电话：010-64248236）

版权所有 盗版必究（盗版侵权举报请与本社总编室联系：010-64212247）

前言 PREFACE ▶▶▶

发展数字经济已成为我国重大的战略选择，也是我国经济高质量发展的新引擎和新动能。流通业不仅是沟通生产和消费的重要产业，也是现代服务业的重要组成部分，但由于传统流通业链条长，以中小企业为主，市场主体数量庞大，需要发挥数字经济新优势，加速数字化应用与转型升级。在双循环新发展格局背景下，利用数字经济驱动现代流通业变革既是建设现代流通体系的核心内容，也是建设全国统一大市场的内在要求。因此，本书研究数字经济驱动现代流通业变革问题，构建数字流通理论体系，探寻数字流通发展实践路径，具有一定的理论与实践意义。

传统流通经济理论难以涵盖和解释一些新的概念和理论。虽然国内外数字经济研究已经取得了一定的成果，但是数字经济对产业影响力的研究还处于起步阶段。特别是数字经济对流通业的影响还比较缺乏，目前鲜有现成的系统分析与专门论著。笔者研究流通经济理论与实践十四年，近五年对数字经济与流通创新方面进行了专题研究，主持北京市社会科学基金规划决策咨询项目"'双循环'战略背景下北京零售业数字化转型研究"、北京市属高等学校优秀青年人才项目"数字经济驱动北京绿色物流高质量发展研究"、北京市教育委员会社科项目"基于首都功能定位的品牌竞争力研究"、中国物流学会和中国物流与采购联合会研究课题"高质量发展视域下数字经济驱动绿色物流效率提升研究"，主笔北京市社会科学基金规划重点项目"北京智慧型社区商业服务模式研究"及一般项目"北京社区生活性服务业评价与优化提升"，其中"'双循环'战略背景下北京零售业数字化转型研究"获得北京市哲学规划办公室结项优秀成果；出版学术专著《品牌竞争力——数字经济时代商业品牌理论与实战》[1]获得

---

[1] 王春娟，等.品牌竞争力——数字经济时代商业品牌理论与实战 [M].北京：中国商务出版社，2020.

重庆品牌学会优秀学术成果一等奖，"高质量发展视域下数字经济驱动绿色物流效率提升研究"获得国家一级学会"中国物流学会一等奖"；参编《智慧型社区商业服务模式研究》[①]《农产品云仓模式研究——以北京农产品流通物流供应链重构为例》[②] 等学术专著；发表了《"双循环"新发展格局战略背景下产业数字化转型：理论与对策》[③]*Analysis of the Effect of Digital Economy Driving High-Quality Development of Regional Brand Economy*[④], *Research on Improving Logistics Efficiency by Digital Economy from the Perspective of High-Quality Development*[⑤]《数字经济背景下社区商业智慧化转型：理论体系与机制模型》[⑥]《乡村振兴背景下农产品流通数字化转型》[⑦]《数字经济引领产业高质量发展：理论、机理与路径》[⑧]《农产品流通渠道变迁：理论与模型》[⑨]《数字经济背景下线上多渠道策略提升流通业中华老字号企业效率》[⑩]《数字经济视域下跨境电商高质量发展对策研究》[⑪]《新发展格局下数字经济与城市品牌经济耦合发展探析》[⑫]《双

---

① 王成荣，王春娟，等.智慧型社区商业服务模式研究 [M].北京：中国商务出版社，2022.

② 武晓钊，王成林，王春娟，等.农产品云仓模式研究——以北京农产品流通物流供应链重构为例 [M].北京：中国水利水电出版社，2022.

③ 祝合良，王春娟."双循环"新发展格局战略背景下产业数字化转型：理论与对策 [J].财贸经济，2021，42（3）：14-27.

④ Chunjuan Wang, Kaige Guo.Analysis of the Effect of Digital Economy Driving High-Quality Development of Regional Brand Economy[C]. SHS Web of Conferences，2023（6）.

⑤ Chunjuan Wang, Kaige Guo, and Xiangyu Yin. Research on Improving Logistics Efficiency by Digital Economy from the Perspective of High-Quality Development[C]. ICBIS，2023（8）.

⑥ 王春娟，王成荣.数字经济背景下社区商业智慧化转型：理论体系与机制模型 [J].商业经济研究，2021（10）：5-9.

⑦ 王春娟，赖阳.乡村振兴背景下农产品流通数字化转型 [J].商业经济研究，2023（2）：91-94.

⑧ 祝合良，王春娟.数字经济引领产业高质量发展：理论、机理与路径 [J].财经理论与实践，2020，41（5）：2-10.

⑨ 王春娟，赖阳.农产品流通渠道变迁：理论与模型 [J].商业经济研究，2020（7）：123-127.

⑩ 王春娟，崔光野，张玉红.数字经济背景下线上多渠道策略提升流通业中华老字号企业效率 [J].商业经济研究，2021（19）：33-36.

⑪ 孟涛，王春娟，范鹏辉.数字经济视域下跨境电商高质量发展对策研究 [J].国际贸易，2022（10）：60-67.

⑫ 王春娟，崔光野，山少男.新发展格局下数字经济与城市品牌经济耦合发展探析 [J].商业经济研究，2023（3）：113-116.

循环新发展格局下现代流通体系建设思路》①《统一大市场建设背景下的数字贸易驱动消费升级研究》②《基于消费者视角的数字化消费影响因素研究》③《生产性服务业集聚如何推动制造业服务化》④《我国沿海港口港城关系协同发展与驱动机制研究》⑤《"后新冠时代"加快智慧型社区商业服务体系建设的思考》⑥《数字经济背景下智慧型社区商业配置研究》⑦《数字经济、流通效率与居民消费增长》⑧《"数字中国"建设下数字流通发展：演化效应与实现路径》⑨等数十篇权威、CSSCI、国际会议等核心期刊论文，数十篇被人大复印资料转载并入选知网学术精要数据库高影响力论文。同时，"数字流通"理论在"国家超大规模市场建设"等国家级重要会议上发布，实践应用于京津冀等重点区域政府商贸流通业发展规划。这一系列前期研究成果为本研究提供了一定的研究基础。

摆在读者面前的这本书就是在上述研究成果的基础上，笔者主持的北京市社会科学基金规划青年项目"全球数字经济标杆城市建设下北京数字流通发展研究"的重点研究成果。本书基于数字经济、流通经济、产业创新、产业数字化转型等相关理论，遵循"现实—理论—实证—对策"的研究思路，对数字经济驱动现代流通业变革进行深入研究，构建数字流通理论体系，探寻数字流通发展实践路径。本书内容共分为以下八章：

---

① 祝合良，杨光，王春娟（通讯作者）.双循环新发展格局下现代流通体系建设思路 [J].商业经济与管理，2021（4）：5-16.

② 祝合良，赵乔，王春娟.统一大市场建设背景下的数字贸易驱动消费升级研究 [J].商业经济与管理，2022（10）：5-22.

③ 祝合良，郭凯歌，王春娟（通讯作者）.基于消费者视角的数字化消费影响因素研究 [J].商业研究，2023（1）：143-152.

④ 孟涛，王春娟，解萧语.生产性服务业集聚如何推动制造业服务化？[J].科学决策，2022（11）：94-109.

⑤ 殷翔宇，宗会明，曲明辉，王春娟（通讯作者）.我国沿海港口港城关系协同发展与驱动机制研究 [J].人文地理，2023，38（1）：64-70.

⑥ 王成荣，王春娟."后新冠时代"加快智慧型社区商业服务体系建设的思考 [J].商业经济研究，2020（12）：5-9.

⑦ 康健，王成荣，王春娟（通讯作者）.数字经济背景下智慧型社区商业配置研究 [J].商业经济研究，2021（21）：29-32.

⑧ 祝合良，郭凯歌，王春娟（通讯作者）.数字经济、流通效率与居民消费增长 [J].商业经济与管理，2023（6）：5-17.

⑨ 王春娟，赖阳."数字中国"建设下数字流通发展：演化效应与实现路径 [J].商业经济研究，2023（19）：133-135.

第一章"数字经济驱动现代流通业变革的研究基础",在介绍数字经济驱动现代流通业变革研究背景与研究意义的基础上,明确数字经济与现代流通业变革的界定、数字流通的内涵与范围,确定研究思路,细化研究内容,阐述研究创新之处。第二章"数字经济驱动现代流通业变革的理论基础",归纳总结数字经济驱动现代流通业变革的理论基础,为后面章节研究数字经济驱动现代流通业变革问题,构建数字流通理论体系,探寻数字流通发展实践路径奠定理论根基。第三章"数字经济驱动现代流通业变革的文献回顾",系统梳理数字经济驱动现代流通业变革的相关文献,进而为本书后面章节研究数字经济驱动现代流通业变革问题,构建数字流通理论体系,探寻数字流通发展实践路径奠定研究基础。第四章"数字经济驱动现代流通业变革的现实特征",分析数字经济驱动我国现代流通业变革的现实特征,为本书后面章节数字经济驱动我国现代流通业变革的实证分析,构建数字流通理论体系,探寻数字流通发展实践路径提供现实依据。第五章"数字经济驱动现代流通业变革的理论体系",基于数字经济驱动现代流通业变革的理论基础与文献综述,创新性地构建数字经济驱动现代流通业变革的理论体系,为本书后面章节进一步实证分析数字经济驱动我国现代流通业变革,构建数字流通理论体系,探寻数字流通发展实践路径提供理论支撑。第六章"数字经济驱动现代流通业变革的实证分析",在数字经济驱动现代流通业变革的理论体系基础上,对数字经济驱动现代流通业变革进行实证分析。第七章"数字经济驱动现代流通业变革背景下数字流通发展构想",从数字流通发展的基础支撑、实现路径、政策建议和企业策略四个方面提出数字经济驱动现代流通业变革背景下数字流通发展构想。第八章"全球数字经济标杆城市建设下数字流通发展实践",以北京建设数字经济标杆城市为契机,在系统分析北京建设全球数字经济标杆城市现状的基础上,明确北京建设全球数字经济标杆城市的思路,针对全球数字经济标杆城市建设下北京数字流通发展的现实特征,提出全球数字经济标杆城市建设下北京数字流通发展对策。

本书得出的结论有以下五点:

第一,在现实层面,数字经济驱动现代流通业变革大致经历了信息化发展、网络化提升期、数字化赋能三个阶段;在"双循环新发展格局"背景下,数字经济驱动现代流通业变革面临构建完整的内需体系提供新的发展动力、国内消费升级和投资创新提供新的供需空间、营商环境优化提供新的基础保障三大机遇，同时面临数字技术缺乏阻碍流通循环、商业模式创新不足限制市场需求、数字基础设施缺乏导致基础保障薄弱三大挑战；数字经济驱动现代流通业变革主要呈现出以数字技术为中心满足消费新体验、数字赋能线上线下融合发展、数字驱动流通数据业务化三大主要特征，同时在数据管理、数字交易、数字营销、数字仓储四个方面存在问题。

第二，在理论层面，现代流通业变革主要包含内涵与外延两个方面，内涵主要体现在流通效率提升，具体体现为流通业全要素生产率的提高，外延包含驱动现代流通业变革的动力机制与演化能力；数字经济驱动现代流通业变革的效率提升效应包括精准配置效应、成本节约效应、规模经济效应、技术赋能效应；数字经济驱动现代流通业变革的动力机制包括内在推力机制和外在拉力机制，内在推力机制指数字技术赋能和商业模式变革，外在拉力机制指治理模式创新和基础保障支撑；数字经济驱动现代流通业变革的演化能力包括数字感知能力、数字整合能力、数字重构能力和数字共享能力四个方面。

第三，在实证层面，数字经济驱动流通效率整体提升，数字经济对我国东部和中部地区流通效率提升的效应明显，对我国批发和零售业效率提升效应更突出；从数字技术赋能、商业模式变革的内在推力和数字治理模式创新、数字基础设施支撑的外在拉力两个方面构建数字经济驱动现代流通业变革的动力体系；从数字技术赋能实现数字化感知、数字平台搭建实现数字化整合、数字网络建设实现数字化重构、数字生态建设实现数字化共享四个方面探索数字经济驱动我国现代流通业变革的演化路径。

第四，在对策层面，本书提出我国发展数字经济驱动现代流通业变革应当通过流通节点数字化感知、流通链条数字化整合、流通网络数字化重构、流通生态数字化共享四大实现路径；构建统筹推进、协同发展、合作共享、因地制宜四大政策机制；采取加强流通业的数字技术赋能、推动流通业的商业模式创新、提升流通业的数字化治理水平、加快流通业的数字基础设施建设四大政策措施；我国流通企业未来应当重点围绕供应链、店铺、用户、商品、营销五大发展方向进行数字化转型。

第五，在实践层面，本书以北京建设数字经济标杆城市为契机，从基础条件、发展现状与特征、发展机遇、发展问题、发展趋势五个方面分析北京建设全球数字经济标杆城市现状，提出北京建设全球数字经济标杆城市应当全力集聚创新要素和创新网络、全面扩大数字经济新场景应用、全方位强化创新示范引领作用、全速推进数字化流通要素贯通、全域推动品牌数字化体系建设，剖析北京数字流通发展现状与存在的问题，提出全球数字经济标杆城市建设下北京数字流通发展应当加快数字化消费场景打造、大力促进数字普惠金融发展、完善流通业数字化治理体系、高度重视流通业数字化人才培养。

本书的研究创新主要体现在研究视角、研究理论、研究方法、研究观点四个方面：

第一，研究视角创新。国外对于数字经济的研究起步较早，已经取得了一定的研究成果。近年来，我国学术界对流通创新理论已经进行了初步的探索，形成了一定的研究成果，对于数字经济对流通业影响的研究还处于初步阶段，特别是对数字经济驱动现代流通业变革的研究还比较鲜见。本书在数字经济驱动现代流通业变革理论基础上，进一步探究数字经济驱动现代流通业变革的实践问题，为数字经济和流通业创新发展研究提供了新的研究视角。

第二，研究理论创新。目前学术界对于数字经济驱动现代流通业变革的理论缺乏系统性、全方位的理论分析框架。本书在数字经济理论、流通经济理论、开放式创新理论、推拉理论、动态能力理论的理论基础上，明确数字经济与现代流通业变革的界定，从效率提升效应、动力机制与演化能力三个方面创新构建数字经济驱动现代流通业变革的理论框架，深入阐述数字经济驱动现代流通业变革的底层逻辑，突破了现有研究表层现象的局限性，进一步丰富了数字经济相关理论，深化了流通创新理论，拓展了流通效率理论。

第三，研究方法创新。综合运用规范分析、回归分析、案例分析等研究方法。首先，本书采用规范分析法，深入剖析了数字经济驱动现代流通业变革的效率提升效应。其次，本书采用实证分析法，多层面多视角创新构建了我国数字经济发展水平指标体系，采用熵权法测算不同区域数字经济发展水平；选择流通业投入产出指标数据创新构建流通效率评价体系，运用 DEA-Malmquist 指数法测算流通效率；以流通效率值为被解释变量、数字经济核心指标作为解释变量建立线性回归模型，分析数字经济对流通效率的整体效应与异质性效应，为衡量数字经济驱动我国流通效率提升效应提供一种可量化依据，也为相关研究提供了一种更加细致的分析方案。

第四，研究观点创新。本书在数字经济驱动现代流通业变革理论框架、现实特征、实证分析的基础上，采用多案例研究方法创新性构建数字流通发展的动力体系，采用单案例研究方法深入探究数字流通发展的演化路径。本书从基础支撑、实现路径、政策机制和政策建议四个方面创新性地提出数字流通发展的对策建议，指导我国流通业未来创新发展，为中央政府和地方政府制定流通业发展政策提供参考依据，为流通企业数字化转型战略制定提供经验借鉴。同时，本书从加快数字化消费场景打造、大力促进数字普惠金融发展、完善流通业数字化治理体系、高度重视流通业数字化人才培养四个方面，提出全球数字经济标杆城市建设下北京数字流通发展对策。

在本书即将付梓之际，笔者特别感谢所在单位——北京财贸职业学院校领导的大力支持，感谢博士生导师北京工业大学祝合良教授、硕士生导师中国商业史学会会长王茹芹教授、北京商业经济学会会长王成荣教授、北京国际商贸中心研究基地赖阳研究员等专家的学术指导，感谢商业研究所（国际商贸中心研究基地办公室）赵挺副所长、韩凝春研究员、康健副研究员、李馥佳副研究员以及高安乔、王红梅、刘亚、李琰等老师的帮助，感谢首都经济贸易大学郭凯歌、崔光野等博士研究生提供的帮助。此外，我还要特别感谢段贤碧女士、女儿焦梓淇、爱人焦东亮的理解和支持。

数字经济驱动现代流通业变革正处在不断创新与探索之中，数字流通发展理论尚需经过更长时间的实践检验。本书成书仓促，难免存在不足，诚恳地希望读者批评指正。

王春娟

2023 年 7 月

目录 CONTENTS ▶ ▶ ▶

第一章

数字经济驱动现代流通业
变革的研究基础

研究数字经济驱动现代流通业变革问题，构建数字流通理论体系，探寻数字流通发展实践路径，首先，要阐明数字经济驱动现代流通业变革的研究背景是什么？为什么要对数字经济驱动现代流通业变革进行研究？其次，要明确研究对象的概念如何界定？研究的整体思路框架是什么？具体需要研究哪些内容？最后，要阐述本研究与以往研究的区别，在哪些方面有所创新？因此，本章在介绍数字经济驱动现代流通业变革研究背景与研究意义的基础上，明确数字经济与现代流通业变革的界定、数字流通的内涵与范围，确定研究思路，细化研究内容，阐述研究创新之处。

第一节　研究背景与研究意义

　　本部分主要在阐述数字经济驱动现代流通业变革研究背景的基础上，明确数字经济驱动现代流通业变革的研究意义。

一、数字经济驱动现代流通业变革的研究背景

　　发展数字经济已成为我国重大的战略选择，也是我国经济高质量发展的新引擎和新动能。《中华人民共和国国民经济和社会发展第十四个五年规划和 2035 年远景目标纲要》提出，要"建设数字中国"。《"十四五"数字经济发展规划》强调，要"推动传统产业全方位、全链条数字化转型"。2022 年，中国互联网络信息中心（CNNIC）发布的第 50 次《中国互联网络发展状况统计报告》显示，数字经济已成为稳增长、促转型、保民生的重要支柱。以电子商务为例，2016—2022 年，零售规模逐年增加，占网上零售总额的比重保持在 70% 以上。党的二十大报告提出，要加快"建设数字中国"，加快发展数字经济，促进数字经济和实体经济深度融合，打造具有国际竞争力的数字产业集群。《数字中国建设整体布局规划》指出，建设数字中国是数字时代推进中国式现代化的重要引擎，是构筑国家竞争新优势的有力支撑。

习近平总书记在"新发展格局下"提出建设现代流通体系，对我国流通经济理论和流通政策实践提出了新的要求。以互联网、云计算、人工智能、大数据、虚拟现实、5G 等数字技术为核心的数字经济对我国流通业的影响进一步加深，流通业增长方式正在由资本、劳动驱动向技术创新驱动转变。随着数字经济与流通业的融合发展，数字经济在创新流通产业商业模式、促进流通变革方面产生了巨大影响，已经从传统的网购市场，逐步扩大到出行、旅游、餐饮、物流等流通消费领域，带来流通业态、流程、技术和体验上颠覆性的变革。流通业的职能也发生本质的变化，从社会再生产的交换媒介跃升为引导生产和实现更精准匹配需求的推动力。我国《"十四五"现代流通体系建设规划》提出要"打造数字化、智慧化、开放型现代商贸流通体系"。国务院《关于以新业态新模式引领新型消费加快发展的意见》提出要"建立健全数字化商品流通体系"。《国务院关于加快建设全国统一大市场的意见》提出要"加快数字化建设""促进现代流通体系建设"。在"双循环新发展格局"背景下，利用数字经济驱动现代流通业变革既是建设现代流通体系的核心内容，也是建设全国统一大市场的内在要求。

二、数字经济驱动现代流通业变革的研究意义

本部分对数字经济驱动现代流通业变革进行研究，具有一定的理论意义与现实意义。

（一）理论意义

本书在数字经济理论、流通经济理论、产业创新相关理论、产业数字化转型理论的基础上，聚焦数字经济驱动现代流通业变革问题，构建完整的数字经济驱动现代流通业变革的理论框架，在丰富数字经济理论、深化流通创新理论、拓展流通效率理论方面，具有一定的理论意义。具体内容如下：

第一，丰富数字经济理论。国外对于数字经济的研究起步较早，已经取得了一定的研究成果。近年来，我国学术界借鉴西方数字经济理论的理论框架，结合我国数字经济发展现实，展开了数字经济理论研究，探索符合新时代、新阶段发展特色的数字经济理论。对于数字经济的测度与产业影响力的研究，我国已经取得了一定的研究成果，但是对于数字经济

发展水平测度的研究还尚未达成一致的见解，还没有制定一套科学、合理、具有可操作性的数字经济评价指标体系。因此，结合我国最新发布的《"十四五"数字经济发展规划》，研究数字经济发展水平测度理论，为数字经济理论研究的深化提供了可能的创新视角。

第二，深化流通创新理论。国外关于数字经济对产业创新影响相关的研究较早，已经形成了初步的研究成果，但是由于国外没有完整的流通业相关理论，数字经济对流通创新影响的研究较为鲜见。我国数字经济影响产业创新的理论研究起步较晚，还没有形成稳定和全面的理论框架。近年来，我国学术界对流通创新理论已经进行了初步的探索，形成了一定的研究成果，但在数字经济视域下探究流通创新理论还较为缺乏。因此，将数字经济理论与流通经济理论结合，有助于进一步深化流通创新理论。

第三，拓展流通效率理论。目前学术界已经形成了包含效率的定义、评价、影响因素、测算等内容在内的流通效率理论，但大多局限于传统流通领域，缺乏在现代流通体系建设下对流通效率的探究，特别是缺乏在数字经济视域下对流通效率理论的系统剖析。因此，分析数字经济驱动现代流通业变革的效率提升效应，对流通效率理论进行了有益的补充和拓展。

（二）现实意义

现代流通业变革是我国现代流通体系建设的关键。本书在现代流通业变革内涵与外延界定的基础上，创新构建数字经济驱动现代流通业变革的理论框架，剖析数字经济驱动现代流通业变革的现实特征，实证分析数字经济驱动现代流通业变革的效率提升效应，案例研究数字经济驱动现代流通业变革的动力体系和演化路径，提出发展数字经济驱动现代流通业变革的对策建议，具有一定的现实意义。具体如下·

第一，为发展数字经济驱动现代流通业变革提供一种定量的研究工具。从数字基础设施、数字产业发展、数字研发创新和数字治理环境四大维度创新构建数字经济发展水平评价指标体系，运用熵权法测算出数字经济发展水平；从投入和产出视角构建流通效率评价指标体系，运用 DEA-Malmquist 指数法测算出流通效率；建立线性回归模型实证分析数字经济对流通效率影响的整体效应与异质性效应，从而为我国政府部门测度流通效率受数字经济提振的程度提供一种定量的研究工具。

第二，为发展数字经济驱动现代流通业变革提供一种现实路径。基于数字经济驱动我国流通变革的动力机制，本书采用多案例研究方法构建数字经济驱动我国流通变革的动力体系；基于数字经济驱动我国流通变革的演化能力，采用单案例研究方法构建数字经济驱动我国流通变革的演化路径，从而为我国发展数字经济驱动流通变革提供一种现实路径。

第三，为发展数字流通提供针对性的对策建议。在数字经济驱动现代流通业变革的理论分析、现实分析、实证分析和案例分析的基础上，本书从基础支撑、实现路径、政策机制和政策措施四个方面提出我国数字流通发展的对策，提出我国流通企业未来应当重点围绕供应链、店铺、用户、商品、营销等发展方向进行数字化转型，全球数字经济标杆城市建设下北京数字流通发展对策。

第二节 概念界定与研究范围

本部分主要对本书涉及的研究对象进行概念界定，具体而言包括数字经济的界定、现代流通业变革的界定、数字流通的内涵和范围界定。

一、数字经济的界定

国外学者塔普斯科特（Tapscott，1994）首次提出"数字经济"的概念。美国商务部于 1998 年正式提出"数字经济"的概念。美国商务部经济分析局将数字经济界定为数字基础设施、数字交易系统和数字内容。2016 年，我国的《G20 数字经济发展与合作倡议》首次对数字经济的内涵进行界定。随后，我国的《数字经济及其核心产业统计分类（2021）》《中国数字经济白皮书（2022）》《"十四五"数字经济发展规划》等政府文件、研究报告先后对数字经济的内涵进行了定义。

国内外学者对数字经济的内涵也形成了不同的具有代表性的观点，但尚未达成一致的见解。国外学者兰德费尔德和弗劳梅尼（Landefeld and Fraumeni，2001）从数字技术产业以及与之相关的市场应用对数字经济进行界定；希克斯（Heeks，2008）认为数字经济是包含广泛数字化内容的经济发展状态；巴特·范阿克（Bart van Ark，2016）提出"新数字经济"，以突出新一代信息技术及其衍生的新模式。国内学者李长江（2017）认为数字经济是基于数字技术的一种经济形态；裴长洪等（2018）认为数字经济是数据信息、数字技术在三大行业内部与行业之间渗透以提高生产率水平的生产过程，是先进生产力的标志；唐杰（2018）认为数字经济由基础设施、数字交易、电子商务、虚拟经济构成；丁志帆（2020）认为数字经济是将数字知识和数字信息作为生产要素，在数字基础设施支撑下的新一代ICT与经济创造的融合，最终实现全方位效率提升、结构改善的新经济社会形态；许宪春和张美慧（2020）指出数字经济是以现代化的数字技术为基础、以各种数字交易平台及基础设施为媒介和支撑的新型发展技术与国民经济各方面紧密结合的一系列经济活动，其形成要素包含数字基础设施、数字化媒体、数字化交易平台及交易平台内部与平台之间产品或服务的交易；陈晓红等（2022）将数字经济定义为以数字化信息为关键资源，主要以互联网平台为载体，以数字技术创新驱动为牵引力，以新模式、新业态为表现形式，呈现数据支撑、融合创新、开放共享三大特征的经济活动。

综合上述，世界各国政府、研究机构、学术界对于数字经济内涵的研究，参考我国《"十四五"数字经济发展规划》，本书认为数字经济是指以数据为关键生产要素、数字技术为核心驱动力量、数字化网络为重要载体，以全要素数字化转型为关键驱动力，加速重构经济发展和治理模式，促进公平和效率更加统一的新经济形态。

二、现代流通业变革的界定

研究现代流通业变革问题还必须要明确现代流通业的研究范围。随着商业和服务业不断发展，不少学者研究了现代流通业内涵的界定，但目前对于现代流通业相关的概念与范围还没有进行系统和全面的理论研究，导致国内外对现代流通业的范围尚未达成共识。日本商业学会认为流通业是从生产到消费的产业。日本统计审议会认为流通业由商品与物质流通业、金融业、信息业、服务业构成。我国学者对流通业的范围进行了研究，近年来比较有代表性的观点有：陈福中和刘向东（2013）、龙金茹和钟昌标（2021）认为流通业包括"批发和零售业"；祝合良（2018）、王春豪和袁菊（2019）、李晓慧（2019）、张弘和昝杨杨（2020）认为流通业的研究范围包括"批发和零售业""住宿和餐饮业"以及"交通运输、仓储和邮政业"；谢莉娟等（2021）认为流通业的研究范围包括"批发和零售业"以及"交通运输、仓储和邮政业"两类子产业。

因此，根据我国最新的《国民经济行业分类（2017）》，参考祝合良（2018）、王春豪和袁菊（2019）、张弘和昝杨杨（2020）对流通业范围的界定，本书将现代流通业变革的研究范围界定为"批发和零售业""住宿和餐饮业"以及"交通运输、仓储和邮政业"三大行业。结合流通业的特质，本书认为现代流通业变革的内涵主要体现在流通效率变革，具体体现为流通业全要素生产率的提高；现代流通变革的外延主要包含两个方面：一是现代流通业变革的动力机制与动力体系，二是现代流通业变革的演化能力与演化路径。

三、数字流通的内涵和范围界定

数字化概念最早由尼葛洛庞蒂（Negroponte）于1997年在《数字化生存》中提出，赛兰德等（Selander et al.，2013）将数字商业定位为"数字技术背景下以实现产品或服务创新为目的而连接在一起的组织集合"。研究数字流通问题必须要明确数字流通的内涵和研究范围。目前不少学者研究了流通业内涵的界定，但随着数字经济与流通业不断融合发展，对于数字流通相关的概念和范围还没有进行系统和全面的理论研究。

本文参考王春豪和袁菊（2019）对流通业范围的界定，将数字流通的研究范围界定为"批发和零售业""住宿和餐饮业"以及"交通运输、仓储和邮政业"三大行业，认为数字流通是指在数字经济高速发展下，流通的商业模式、组织架构、运营管理、物流服务、供应链体系等数字化创新，以及支撑流通发展的数字治理模式、数字基础设施等。

第三节　研究思路与研究内容

本部分聚焦数字经济驱动现代流通业变革，从数字经济驱动现代流通业变革的研究基础、数字经济驱动现代流通业变革的理论基础、数字经济驱动现代流通业变革的文献回顾、数字经济驱动现代流通业变革的现实特征、数字经济驱动现代流通业变革的理论体系、数字经济驱动现代流通业变革的实证分析、数字经济驱动现代流通业变革背景下数字流通发展构想、全球数字经济标杆城市建设下数字流通发展实践八个篇章介绍了本书的研究内容。

一、研究思路

本书基于数字经济、流通经济、产业创新、产业数字化转型等相关理论，遵循"现实—理论—实证—对策"的研究思路，对数字经济驱动现代流通业变革进行深入研究。

首先，在数字经济驱动现代流通业变革的研究基础、理论基础、文献综述的基础上，本书从历史沿革、宏观环境分析、微观现实特征三个方面剖析数字经济驱动现代流通业变革的现实特征。

其次，本书系统剖析了数字经济驱动现代流通业变革的效率提升效应、动力机制与演化能力，构建了数字经济驱动现代流通业变革的理论体系。

再次，本书运用熵权法测算出数字经济发展水平，从投入和产出视角构建流通效率评价体系，运用 DEA-Malmquist 指数法测算出流通效率，建立线性回归模型分析数字经济驱动流通效率提升的整体效应与异质性效应；采用多案例研究法从"内在推力与外在拉力"两个方面构建数字经济驱动现代流通业变革的动力体系；采用单案例研究法从数字化感知、数字化整合、数字化重构、数字化共享四个方面探索数字经济驱动我国现代流通业变革的演化路径。

最后，本书在数字经济驱动现代流通业变革的现实特征、理论框架和实证分析的基础上，从基础支撑、实现路径、政策机制和政策措施四个方面提出数字经济驱动现代流通业变革的对策建议。本书以北京建设数字经济标杆城市为契机，在系统分析北京建设全球数字经济标杆城市现状的基础上，明确北京建设全球数字经济标杆城市的思路，针对全球数字经济标杆城市建设下北京数字流通发展的现实特征，提出全球数字经济标杆城市建设下北京数字流通发展对策。

二、研究内容

本书聚焦数字经济驱动现代流通业变革并进行深入研究，研究内容共分为以下八章：

第一章"数字经济驱动现代流通业变革的研究基础",在介绍数字经济驱动现代流通业变革研究背景与研究意义的基础上,明确数字经济与现代流通业变革的界定、数字流通的内涵与范围,确定研究思路,细化研究内容,阐述研究创新之处。

第二章"数字经济驱动现代流通业变革的理论基础",从数字经济理论、流通经济理论、开放式创新理论、推拉理论、动态能力理论、产业数字化转型理论六个方面归纳总结数字经济驱动现代流通业变革的理论基础,为后面章节研究数字经济驱动现代流通业变革问题,构建数字流通理论体系,探寻数字流通发展实践路径奠定理论根基。

第三章"数字经济驱动现代流通业变革的文献回顾",从数字经济的产业影响力研究、现代流通体系研究、数字经济与现代流通业变革研究三个方面系统梳理数字经济驱动现代流通业变革的相关文献,进而为本书后面章节研究数字经济驱动现代流通业变革问题,构建数字流通理论体系,探寻数字流通发展实践路径奠定研究基础。

第四章"数字经济驱动现代流通业变革的现实特征",从历史沿革、宏观环境分析、微观现实特征、国际经验借鉴四个方面分析数字经济驱动我国现代流通业变革的现实特征,为本书后面章节数字经济驱动我国现代流通业变革的实证分析,构建数字流通理论体系,探寻数字流通发展实践路径提供现实依据。

第五章"数字经济驱动现代流通业变革的理论体系",基于数字经济驱动现代流通业变革的理论基础与文献综述,从数字经济驱动现代流通业变革的理论基础、效率提升效应、动力机制与演化能力四个方面创新性地构建数字经济驱动现代流通业变革的理论体系,为本书后面章节进一步实证分析数字经济驱动我国现代流通业变革,构建数字流通理论体系,探寻数字流通发展实践路径提供理论支撑。

第六章"数字经济驱动现代流通业变革的实证分析",在数字经济驱动现代流通业变革理论体系的基础上,从效率提升效应分析、动力体系、演化路径三个方面对数字经济驱动现代流通业变革进行实证分析。一是运用熵权法测算出数字经济发展水平,从投入和产出视角构建流通效率评价体系,结合 2014—2019 年中国省级面板数据,运用 DEA-Malmquist 指数法测算出流通效率,建立线性回归模型实证分析数字经济驱动流通效率提升的整体效应与异质性效应；二是在数字经济背景下线上多渠道策略提升流通业中华老字号企业效率分析方面，以流通业中华老字号企业为例，以2013—2018年流通业中华老字号上市公司为研究样本，运用DEA-BCC模型和Malmquist生产率指数从动态和静态探讨不同线上渠道策略对流通业中华老字号企业效率异质性效应；三是采用多案例研究法从数字技术赋能、商业模式变革的内在推力和数字治理模式创新、数字基础设施支撑的外在拉力两个方面构建数字经济驱动现代流通业变革的动力体系；四是采用单案例研究法从数字技术赋能实现数字化感知、数字平台搭建实现数字化整合、数字网络建设实现数字化重构、数字生态建设实现数字化共享四个方面探索数字经济驱动我国现代流通业变革的演化路径，为后文提出我国发展数字流通的实现路径提供现实依据。

第七章"数字经济驱动现代流通业变革背景下数字流通发展构想"，从数字流通发展的基础支撑、实现路径、政策建议和企业策略四个方面提出数字经济驱动现代流通业变革背景下数字流通发展构想。一是在数字流通发展的基础支撑方面，通过创新构建数字化产业体系，政府引导流通业数字化转型，为我国数字流通发展提供基础支撑；二是在数字流通发展的实现路径方面，我国流通业应当发挥数字经济新优势，从流通节点、流通链条、流通网络、流通生态四个视角出发，通过流通节点数字化感知、流通链条数字化整合、流通网络数字化重构、流通生态数字化共享四大路径，推进数字流通发展；三是在数字流通发展的政策建议方面，我国政府应当实施统筹推进、协同发展、合作共享、因地制宜四大政策机制，通过加强流通业的数字技术赋能、推动流通业的商业模式变革、提升流通业的数字化治理水平、加快流通业的数字基础设施建设四大政策措施，支持数字流通发展；四是在数字流通发展的企业策略方面，我国流通企业未来应当重点围绕供应链、店铺、用户、商品、营销五大发展方向进行数字化转型。

第八章"全球数字经济标杆城市建设下数字流通发展实践"，以北京建设数字经济标杆城市为契机，在系统分析北京建设全球数字经济标杆城市现状的基础上，明确北京建设全球数字经济标杆城市的思路，针对全球数字经济标杆城市建设下北京数字流通发展的现实特征，提出全球数字经济标杆城市建设下北京数字流通发展对策。具体而言：一是在北京建设全球数字经济标杆城市现状分析方面，北京建设全球数字经济标杆城市的基础条件主要包括建设步伐稳定推进、出台顶层实施方案、推动设施建设立法。北京建设全球数字经济标杆城市呈现出数字经济引领经济快速发展、数字经济促进品牌经济发展、数字基础设施加快推动布局、区域协同创新发展格局显现、持续推进政策制度体系建立五大发展现状与特征。北京建设全球数字经济标杆城市面临着国际科技创新中心迈向新征程、北京数字经济新基建加速推进、城市发展空间场景加速重塑三大发展机遇。北京建设全球数字经济标杆城市在面临发展机遇的同时，还存在突破关键"卡脖子"技术难、国际竞争力企业培育不足、领军人才团队培育供给难、统筹发展和安全双目标难的问题。北京建设全球数字经济标杆城市呈现出"数实融合"新场景持续深化、构建面向未来城市产业体系、数字经济创新技术加快变革的发展趋势。二是在北京建设全球数字经济标杆城市的思路方面，提出北京建设全球数字经济标杆城市应当全力集聚创新要素和创新网络、全面扩大数字经济新场景应用、全方位强化创新示范引领作用、全速推进数字化流通要素贯通、全域推动品牌数字化体系建设。三是在全球数字经济标杆城市建设下北京数字流通发展现实方面，北京数字流通发展呈现网络消费迅速发展、新兴流通企业竞争力增强、传统商圈数字化改造升级、老字号企业触网销售、积极探索新业态新模式的发展现状，同时存在大多处于数字化初级阶段、体验场景化还未广泛形成、传统企业数字化发展阻力大、全面系统的数字化有待加强等问题。四是在全球数字经济标杆城市建设下北京数字流通发展对策方面，提出全球数字经济标杆城市建设下北京数字流通发展应当加快数字化消费场景打造、大力促进数字普惠金融发展、完善流通业数字化治理体系、高度重视流通业数字化人才培养。

第四节　研究创新

研究数字经济驱动现代流通业变革问题，构建数字流通理论体系，探寻数字流通发展实践路径，还要明确本研究与以往研究的区别，在哪些方面有所创新？本书的研究创新主要体现在研究视角、研究理论、研究方法、研究观点四个方面。

第一，研究视角创新。国外对于数字经济的研究起步较早，已经取得了一定的研究成果。我国学术界借鉴西方的数字经济相关的理论框架，结合我国数字经济发展现实，展开了数字经济相关理论研究，探索符合新时代、新阶段发展特色的数字经济理论，已经形成了一定的研究成果。近年来，我国学术界对流通创新理论已经进行了初步的探索，形成了一定的研究成果，对于数字经济对流通业影响的研究还处于初步阶段，特别是对数字经济驱动现代流通业变革的研究还比较鲜见。本书在数字经济驱动现代流通业变革理论基础上，进一步探究数字经济驱动现代流通业变革的实践问题，为数字经济和流通业创新发展研究提供了新的研究视角。

第二，研究理论创新。目前学术界对于数字经济驱动现代流通业变革的理论缺乏系统性、全方位的理论分析框架。本书在数字经济理论、流通经济理论、开放式创新理论、推拉理论、动态能力理论的理论基础上，明确数字经济与现代流通业变革的界定，从效率提升效应、动力机制与演化能力三个方面创新构建数字经济驱动现代流通业变革的理论框架，深入阐述数字经济驱动现代流通业变革的底层逻辑，突破了现有研究表层现象的局限性，进一步丰富了数字经济相关理论，深化了流通创新理论，拓展了流通效率理论。

第三，研究方法创新。本书综合运用规范分析、回归分析、案例分析等研究方法。首先，本书采用规范分析法，深入剖析了数字经济驱动现代流通业变革的效率提升效应、动力机制与演化能力。其次，本书采用实证分析法，多层面多视角创新构建了我国数字经济发展水平指标体系，采用熵权法计算不同区域数字经济发展水平；选择流通业投入产出指标数据创新构建流通效率评价体系，运用 DEA-Malmquist 指数法测算流通效率；以流通效率值为被解释变量、数字经济核心指标作为解释变量建立线性回归模型，分析数字经济对流通效率的整体效应与异质性效应，为衡量数字经济驱动我国流通效率提升效应提供一种可量化依据，也为相关研究提供了一种更加细致的分析方案。最后，本书采用多案例研究方法创新性构建数字经济驱动现代流通业变革的动力体系，采用单案例研究方法深入探究数字经济驱动现代流通业变革的演化路径。

第四，研究观点创新。本书在数字经济驱动现代流通业变革理论框架、现实特征、实证分析的基础上，从基础支撑、实现路径、政策机制和政策建议四个方面创新性地提出发展数字经济驱动现代流通业变革的对策建议，指导我国流通业未来创新发展，为中央政府和地方政府制定流通业发展政策提供参考依据，为流通企业数字化转型战略制定提供经验借鉴。同时，本书从加快数字化消费场景打造、大力促进数字普惠金融发展、完善流通业数字化治理体系、高度重视流通业数字化人才培养四个方面，提出全球数字经济标杆城市建设下北京数字流通发展对策。

数字经济驱动现代流通业变革的理论基础

本章主要从数字经济理论、流通经济理论、产业创新相关理论（开放式创新理论、推拉理论）、动态能力理论、产业数字化转型理论几个方面归纳总结数字经济驱动现代流通业变革的理论基础，为后面章节研究数字经济驱动现代流通业变革问题，构建数字流通理论体系，探寻数字流通发展实践路径奠定理论根基。

第一节　数字经济理论

数字经济对理论经济、应用经济以及所有交叉学科都具有广泛而深远的影响。本书通过系统性的归纳总结，发现数字经济相关理论主要包括网络外部性理论、熊彼特创新理论、长尾理论、市场均衡理论、交易成本理论。

一、网络外部性理论

随着消费同样产品消费者数量的增加，消费者获取的效用增加，即为网络外部性。在数字经济背景下，网络具有无限连接性、开放性、透明性、互动性、创新性特征，消费者在基于市场交易满足消费需求的基础上，依托互联网会产生网络效应。网络的正外部性是指网络价值增长大于网络规模增长，反之称为网络的负外部性。互联网平台的网络外部性是指外部性由互联网平台中用户数量决定（于左等，2021）。梅特卡夫定律认为网络所产生的价值和网络中用户的数量相关，更进一步地说，可以认为网络所产生的价值与网络中的节点数量或者消费者数量的平方呈正比。互联网平台的价值来源于供需双方的相互吸引和促进，又称为双边市场效应。梅特卡夫定律和双边市场效应可以用于解释数字经济背景下，基于网络所产生的边际收益递增现象。

二、熊彼特创新理论

熊彼特（Schumpeter）于1912年首次提出"创新理论"，对企业创新的一般性知识进行了概括，认为创新是提高资源配置效率的创新活动。在数字经济背景下，消费者价值变得越来越重要，逐渐成为熊彼特创新理论的重要出发点。以消费者为核心，利用数字经济新优势，产业不断创新发展，实现了生产方式的创新、产业价值创造、产业链重构，促进了产业效率的提高。一是在生产方式方面，数字技术改变了传统产业中的生产要素、组织结构、管理方式等，数据成为产业新的生产要素，组织结构呈现扁平化特征，管理方式更加灵活，生产方式由大规模生产向模块化、柔性化、定制化转变。二是在产业价值方面，随着产业间协同的不断加深，产业价值从过去单一增值点延展到产业价值增值面，从而产生新的规模经济。三是在产业链方面，以消费者需求为核心，借助数字平台，以数字化方式整合产业链上下游资源，降低了产业的交易成本，提高了产业资源利用效率。

三、长尾理论

美国科技杂志《连线》主编安德森（Anderson）于2004年创新提出长尾理论，它在经济学上有以下四个本质特征：第一，长尾理论是独特的需求方规模经济，企业通过差异化、低成本战略提供个性化服务。第二，长尾理论通过创造市场规模，提供个性化需求，扩大长尾，获得规模效应。第三，长尾理论突破传统经济学中的边际成本递增和边际效用递减规律，实现边际成本递减和边际效用递增。第四，长尾理论将长尾产品需求的范围经济效应和长尾产品供给的规模经济效应进行完美结合。在数字经济背景下，数字化的网络平台为小众个性化商品提供了更加广阔的销售市场，将原本分散的小众化、个性化的长尾产品需求整合到一起，共同形成需求曲线上的一条"长尾"，在规模经济和范围经济两者双重效应下，实现了消费端的长尾效应。互联网电商平台、直播平台、社交平台等数字化的营销渠道连接供需两端，提升了小众化、个性化长尾产品的价值，更激发了市场需求，降低了市场的营销成本，提升了长尾市场的活力。

四、市场均衡理论

十八世纪六七十年代，亚当·斯密（Adam Smith）创立了古典市场均衡理论体系。随后，萨伊（Say）、李嘉图（Ricardo）、马尔萨斯（Malthus）分别从供给和需求两个角度探讨了市场均衡趋势；西尼尔（Senior）和巴斯夏（Bastiat）论述了市场均衡理论在市场运行变化情况下的适用性问题。19 世纪中期，约翰·穆勒（John Mill）全面系统地解答了市场均衡问题，为以马歇尔（Marshall）为代表的新古典市场均衡理论奠定了扎实的根基。现代市场均衡理论包含供求均衡理论、消费者均衡理论、厂商均衡理论等。在现代市场均衡理论体系下，利润最大化是厂商均衡理论的基本原则，如果边际收益与边际成本相等，那么市场达到均衡状态，这个时候厂商将不会再调整产量。从 20 世纪 80 年代开始，经济学家用均衡数量模型构建宏观经济增长微观模型，形成了新兴古典经济学，通过全新的分析工具、全新的视角，重新规范性地对流通理论中的各个环节所产生的问题进行详细的解释。数字经济的发展，为市场动态均衡分析创造了条件。一是在消费者方面，可以根据大数据分析，提前预知市场需求，从而为生产商确定生产提供依据。二是在生产商方面，生产厂商根据市场需求，实时调整产能并与原材料供应商、合作伙伴高度共享信息，确定可以生产的订单数量，从而降低了企业的库存成本，满足供应商、合作伙伴的需求，真正实现市场均衡。因此，生产商和消费者利用数字经济新优势，可以实现生产与消费之间的动态平衡，降低供需双方的交易成本，实现供需双方交易的帕累托改进。

五、交易成本理论

科斯（Coase）认为市场中存在较高的交易费用是交易成本理论的前提。传统交易成本理论认为企业的存在降低了交易中的成本费用。数字经济通过降低信息搜寻成本、产业链协同成本、信息沟通成本、投融资成本、交易执行成本，实现交易成本的降低，重塑交易成本内涵。一是在信息搜寻成本方面，依托数字化平台，供给方和需求方可以更加高效便捷地获取市场信息，并在此基础上进行大数据挖掘，从而降低了信息搜寻成本，如 Airbnb 平台不仅满足了租房者的需求，又降低了信息搜寻成本。二是在产业链协同成本方面，数字技术改变了传统产业的产品研发、生产制造、组织管理等环节，通过产业间的协同共享，为产业链协同创造了更好的条件，从而节约了产业链协同成本。三是在信息沟通成本方面，依托数字技术实现了全天候、零时差、零距离的数字化沟通，极大地促进了信息沟通的时效性、精准性、便捷性，降低了企业谈判、签约、监督等信息沟通成本。

四是在投融资成本方面，依托数字技术创新发展数字化金融，实现众筹等数字化投融资方式，为企业提供了快捷、低成本的融资渠道。五是在交易执行成本方面，借助数字平台去中介化，直接签订数字化合约（戚聿东和肖旭，2020），降低交易执行成本，如在线支付功能优化了线上打车流程，提供了完善的服务，降低了消费者支付金额的执行成本。

第二节　流通经济理论

纵观我国经济发展历史，西方经济学与马克思经济学均对我国流通经济产生了巨大的影响。本部分在西方经济学与马克思流通经济理论基础上，阐述了我国现代流通经济理论。

一、西方经济学的流通经济理论

在西方国家，商品交换的产生有着悠久的历史，在商业的实践过程中产生了许多商业贸易思想。归纳起来，西方古典经济学、新兴古典经济学和新制度经济学都对流通经济理论产生了重要影响。

一是西方古典经济学的流通经济理论。在西方经济学理论中，重商主义理论产生于15世纪，是西方国家最早研究商业资本运动的商业理论。17世纪初，英国著名启蒙思想家托马斯·孟（Thomas Mun）从财富产生的视角对流通存在和运动给予了高度评价，认为流通高于生产，是国家财富增长的唯一手段。古典政治经济学家亚当·斯密认为流通过程通过不断的交换和分工的互动形成，从而推动劳动生产力的提高，并创造出劳动价值。亚当·斯密因此总结提炼出的劳动价值论的观点，成为马克思政治经济学的主要来源，其所阐述的交换价值的大小，为流通经济理论的完整性提供了支撑点。

二是新兴古典经济学的流通经济理论。从20世纪80年代开始，以杨小凯为代表的经济学家形成了涵盖微观经济学和宏观经济学理论框架的新兴古典经济学，研究方法上更加注重多样化假定、数理化分析、经典案例分析、跨学科交叉等，采用全新分析工具对流通理论问题进行了规范性阐述。如"张伯伦革命"通过边际分析法实现微观经济革命。"凯恩斯革命"

运用西方经济学研究方法创立了现代宏观经济学理论。

三是新制度经济学的流通经济理论。以科斯为代表的新制度经济学将生产和流通通过交易成本融于一个研究框架中，在一定程度上对流通过程及其制度安排做出了合理解释。该理论认为，企业与市场两种制度形成相互替代的内在原因在于交易成本，当企业与市场交易成本相等时实现静态均衡，形成企业与市场的边界；当交易成本为零，无论如何界定产权，市场都能实现资源最优配置；当交易成本为正，不同的产权界定产生不同的资源配置效率。

二、马克思流通经济理论

马克思创建了马克思主义政治经济学理论体系，并运用其理论体系对流通问题进行了深入剖析，在实物流通研究的基础上，重点研究了价值形态的流通，认为流通的本质就是交换，社会总产品分为生产资料和消费资料，生产资料和消费资料的两大生产部类之间以及生产部门之间交换形成社会总资本的流通，分为简单再生产条件下的流通和扩大再生产条件下的流通。他在《资本论》中详细阐述了两大部类流通及其实现条件，对于我国流通创新发展具有重要的理论意义，已经成为建设现代流通体系的重要指导思想。

一是马克思流通经济理论对于流通的定义。马克思从交换的角度认为流通涵盖商品流通、货币流通、资本流通。商品流通是连续不断的交换行为，分为简单的商品流通和复杂的商品流通两大类。货币流通因商品流通而产生，是商品流通的表现形式。资本流通是商品流通的发达形式，资本流通的形成标志着以商业为主体的商贸流通业的形成。

二是马克思流通经济理论关于流通时间和流通费用的阐述。马克思认为商业资本是产业资本中分离出来的商品资本，商业利润是商业资本从产业资本中分离出来所产生的剩余价值。马克思将流通时间分为购买时间和销售时间，流通时间与资本效率负相关；将流通费用划分为纯粹性和生产性两种流通费用。

三是马克思流通经济理论关于流通业和流通效率的研究。马克思在《资本论》中将流通业的研究范围界定为商业、对外贸易以及物流运输业。他认为要提高流通效率，就要缩短流通时间、降低流通费用。第一，商业节约了社会成本、缩短了流通时间，提高了商品利润，促进了商品经济的发展。第二，对外贸易能够为生产提供原材料和广阔的市场、平衡经济波动、降低商品存储费用。第三，物流运输业打破了生产与消费之间的时空限制，能够缩短资本流通时间、拓展市场空间、集中生产要素、促进贸易发展。因此，马克思提出要促进商业发展，加快物流运输业发展。

三、现代流通理论

随着社会的不断进步、经济的快速发展，流通业在我国市场经济中的地位越来越重要。我国学术界传承马克思流通经济理论，从基础产业、先导产业、战略产业的角度提出了我国现代流通经济理论，为我国流通业的创新发展奠定了理论基础。

第一，流通基础产业论。我国的流通基础产业论研究始于20世纪90年代，我国学者黄国雄教授长期以来致力于流通经济理论与实践研究，他于2003年正式提出"流通基础产业"，认为流通业具备社会化、关联度、贡献率、就业贡献、不可替代性五大基本特征。2010年，洪涛在其2004年提出的流通业是国民经济体系中的基础性产业基础上，通过数量分析方法进一步研究了流通基础产业论，重点对现代流通体系进行探讨，认为我国应当重视流通基础产业的地位，提出一系列措施促进流通基础产业的创新和发展。向佐谊和童乙伦（2013）研究了社会分工视角的流通业定位与演进机理，提出应当强化流通业的基础性地位。王笑宇和廖斌（2014）从投入和产出的角度对流通业基础性作用进行了再认识。胡永仕和许明星（2015）研究了流通业与经济发展之间的关系，认为流通业是区域经济的基础性产业，更进一步强调了流通业的基础性地位。

第二，流通先导产业论。随着消费者逐渐成为市场的核心，流通引导生产的作用日益明显。1999年，我国学者刘国光教授通过对流通业的深入研究，首次提出"流通先导产业论"。他认为流通业连接生产和消费，发挥将消费当期和潜在需求转化为现实消费的作用，流通业也从计划经济时期的末端产业向市场经济体制下的先导产业转变。除此之外，宋则（2003）、高铁生（2012）等学者提出随着市场经济的高速发展，中国市场传导机制存在缺失问题，流通业应当发挥先导性作用。归纳起来，流通先导产业论的核心观点认为，流通业的发展水平体现了一个国家或者地区社会经济的发展水平和综合国力。流通先导产业论必须建立在不断提升流通业的先导力基础上。流通业主要通过市场的推动、制度的推动和资本的推动成为先导性产业。随着我国加入世界贸易组织，对外开放程度不断提高，流通的传导性职能日益凸显，对于经济危机、供需失调、产业结构失衡等社会经济问题不断威胁国家安全，我国应当发挥流通业先导性作用（王晓东等，2020）。

第三，流通战略产业论。随着流通的地位不断提高，我国学术界提出"流通战略产业论"。2005年，刘子峰、冉净斐和文启湘等学者提出流通应当作为国家战略产业，并详细阐述了理论依据与发展措施。我国学者有关流通战略论的观点认为，流通业已经成为国家的战略性产业。近年来，我国学者在前期研究的基础上，对流通战略产业论进行了更加深入的研究，代表性观点有：汪旭晖和赵博（2021）提出双循环新格局下流通业成为畅通经济循环的重要基础，对促进形成强大国内市场具有战略意义；祝合良（2022）提出新发展格局战略背景下我国流通业"十四五"时期应当以战略性为导向，实现现代流通体系高质量发展。

四、流通效率理论

流通效率理论源于效率相关理论，随后产业效率逐渐成为学术研究的焦点，国内外对于流通效率尚未形成公认的界定，对于流通效率相关理论还有待进一步研究。

（一）效率概念

学术界对"效率"问题的研究由来已久。效率概念最早产生于物理学等学科，工业领域用效率来衡量投入资源或动能所产生的能量，后来逐步应用于社会科学等领域。经济学中用效率来表示经济投入与产出的关系。威廉·配第、亚当·斯密、李嘉图等古典经济学家最早研究效率问题。威廉·配第率先关注劳动生产率问题。亚当·斯密在《国富论》中强调效率的重要性，认为效率的改进可以提高国民财富积累和国家竞争力。新古典经济学（形成于20世纪70年代）认为经济学中的效率指配置效率，即资源分配组合产出社会产品的效率。意大利经济学家帕累托（Pareto）提出的帕累托效率理论是新古典经济学最为经典的理论。现代经济效率理论将古典经济学和新古典经济学两者进行了统一，认为经济效率包含技术效率与配置效率。社会效率的内涵是充分调动全社会成员的积极性和创造性，发挥全部生产要素作用，达到全社会最优资源配置，实现全要素效率，追求社会发展的整体和长期效益。

（二）产业效率概念

产业效率概念源于经济效率，是以某一个特定产业为研究对象，从投入和产出角度测算产业投入与产出的比率。按照现代经济效率理论，产业效率包含技术效率和配置效率。对于产业效率的测度主要有投入产出表法、打分估值法、前沿分析法等。投入产出表法是通过编制投入产出表，建立线型代数方程，构成经济数学模型，研究经济各部门间产品生产与消耗间数量关系的系统工程法。打分估值法是在科学设计调查问卷的基础上，将问卷打分结果数据化定量表示。全要素生产率是指全部生产要素都考虑在内的投入产出效率，是体现经济增长中技术进步作用的国际通用指标（陈向武，2019）。从数据适用性、可得性和覆盖面来看，产业效率的测算更多采用包括 DEA-Malmquist 指数法和随机前沿分析方法等在内的前沿分析法，对产业全要素生产率进行测算。

（三）流通效率概念

国外对于流通效率尚未形成公认的界定，我国学术界对于流通效率的研究已经形成了不同的观点，但是尚未达成一致的见解。比较有代表性的观点如下：李骏阳和余鹏（2009）认为流通效率包括流通速度和流通成本；洪涛（2012）认为流通效率包括商品流通中投入与产出的比例、单位时间内流通价值量与费用的比例、流通成本不变下流通产出最大化或流通成本最小化三层含义；俞彤晖和郭守亭（2014）认为流通效率包括市场效率、企业效率、资本效率、人员效率；陈宇峰和章武滨（2015）从投入和产出的角度来衡量商贸流通业效率；李晓慧（2019）用流通业全要素生产率来衡量流通业效率，在全要素生产率分解下研究我国流通业效率的行业异质性和区域异质性；王晓东等（2020）用零售业和批发业全要素生产率来衡量流通业效率。

亚当·斯密强调效率提升表现为劳动生产率提高。效率提升是效率变革的关键之所在。全要素生产率是体现经济增长中技术进步作用的国际通用指标（陈向武，2019）。效率变革是指通过全要素生产率提升，从而实现的经济系统中整体产出的增加，在宏观上主要包括生产要素配置效率和产业生产率的提升，在微观上从全要素生产率分解角度指企业纯技术效率、规模效率与技术进步的提高（茹少峰等，2018）。国内外学者从技术创新、资源配置、经济规模、政策机制等方面探究效率变革与优化的机制（江小涓，2018）。产业效率水平受技术水平、消费需求、经济制度等因素影响，产业效率变革体现为产业的劳动生产率提升、消费需求满足、资源配置优化。突破技术与制度的路径依赖，创造新的发展路径，是实现产业效率变革的核心（黄蕊和徐倩，2020）。产业效率变革的关键是提升生产效率和交易效率。数字技术与经济发展融合，加快传统产业数字化转型，提升产业生产效率。大数据的运用能够降低产业的交易成本，扩大产业的交易半径，提升产业的交易效率。人工智能驱动社会生产效率变革。效率变革是人工智能的核心价值，突破性技术创新是效率变革的核心驱动力，人工智能提高服务业生产效率，推动服务业变革（陈晓斌等，2021）。

综上所述，参考李晓慧（2019）、王晓东等（2020）对流通效率的界定，本书认为流通效率主要取决于流通业投入与流通业产出，用流通业全要素生产率来表示流通效率。

第三节　产业创新相关理论

本部分主要介绍与产业创新相关的理论，具体涉及开放式创新理论、推拉理论、动态能力理论。

一、开放式创新理论

开放式创新理论最初是研究企业创新发展的理论，随着数字经济驱动企业组织模式由封闭式向开放式演变，开放式创新理论的应用逐渐从企业层面扩展到产业层面，成为产业创新发展的前沿理论之一。

切萨布鲁夫（Chesbrough，2003）首次提出开放式创新理论，认为企业要通过内部创新和外部创新两种渠道共同推进创新商业化，强调商业模式创新对技术创新的重要性，企业必须依托商业模式创新来实现创新的商业化，而认知和组织结构是商业模式创新的阻力。开放式创新强调企业有效地整合内部和外部创新资源。知识性员工数量多、风险投资蓬勃发展、产品生命周期缩短、知识在产品价值网络化分布、外部创新资源可用性、研究能力提高、供应商能力增强等促进企业由封闭式创新向开放式创新转变。基于知识流向的视角，认为开放式创新包含由外而内、由内而外和双向流程三种类型（Chesbrough and Crowther，2006）。开放式创新细分为捕获、纯源化、销售和揭示等形式（Dahlander and Gann，2010）。开放式创新意味着技术跨边界转移，包括技术的外部获取和外部商业化（Lichtenthaler，2010），是组织内部和外部系统地实施整个创新流程的知识探索、记忆和开发的过程（Lichtenthaler，2011）。企业可以灵活利用外部技术，通过技术外向转让使公司获得利益（Chesbrough，2011）。开放式创新机制包括内向许可、联盟、开放式网络、用户社群（Yeand Kankanhalli，2013）。开放式创新的治理分为基于市场、伙伴、竞赛、用户社群创新四大类型（Felinand Zenger，2014）。马佐拉等（Mazzola et al.，2015）首次提出企业内外开放式创新的非对称，并基于知识内外流净差值将其细分为正、负和中立态度。科林等（Colin et al.，2016）认为，知识共享能力是企业开展由外而内开放式创新的主要影响因素，知识获取能力是企业开展由内而外开放式创新的主要影响因素。中小企业更倾向于由内而外的开放式创新，通过知识获取能力从外部获取所需资源驱动创新绩效（Spender et al.，2017），利用外部知识提升企业研发水平，对外部知识吸收具有主动控制权（张振刚等，2017）。彭灿等（2019）提出开放式创新促进技能型和认知型隐性知识获取，产生突破性创新。潘闻闻和芮明杰（2021）从产业层面研究耦合型开放式创新的影响机制发现，市场集中度、产业成熟度有利于开展耦合型开放式创新。

二、推拉理论

推拉理论最初是研究人口流动与移民最重要的理论，用于人口流动与人口迁移决策。随着推拉理论的不断发展和完善，后来推拉理论进一步广泛应用于产业方面，特别是产业迁移、产业创新等领域，成为产业创新发展的前沿理论之一。1889 年，美国社会学家莱文斯坦（Ravenstein）提出人口迁移的七大定律，奠定了推拉理论的理论基础。20世纪50年代末，国外学者提出"推力"是人口流出地的主要不利因素，"拉力"是人口流入地的主要有力因素，通过计算推力和拉力来预测人口流动趋势，但忽视了个体特征对人口迁移的影响，无法解释同一群体在面临相同的推力和拉力时的不同选择。1966年，美国学者李（Lee）提出推拉理论的完整分析框架，包括"推""拉""干预障碍"三大因素。其他学者在李的基础上对"推拉"理论不断进行探索与改造，认为第三个因素不仅可以促进人口流动，也可以抑制人口流动。特勒伊斯蒂等（Trausti et al.，2013）认为促进或者抑制人口流动的双重性因素应该用中性词"in-between-space"表示。随后，学术界主要形成了推拉系泊模型、内外因素互动推拉模型和推力、反拉力、拉力、反推力的双向推拉模型三大类理论分析框架。

近年来，推拉理论逐渐应用于产业发展，比较有代表性的有：王娟娟和史锦梅（2013）在推拉理论的基础上，构建了我国欠发达地区产业转移的动力体系模型。周成和冯学钢（2015）基于推拉理论研究旅游业季节性影响因素。孙丽文和杜娟（2016）运用推拉理论研究了生态产业链的形成机制。金福子和刘洋（2017）以推拉理论为基础，实证分析我国制度创新对产业转型升级影响的区域异质性。梅林等（2018）构建运输成本的推拉模型研究我国区际产业转移与对接的内在机理。叶海波（2021）基于推拉理论研究了数字经济驱动体育产业高质量发展的动力机制。祝合良和王春娟（2021）基于推拉理论构建了双循环新发展格局下产业数字化转型的动力体系。

三、动态能力理论

动态能力理论源于资源基础论，是在产业组织理论、资源基础理论、演化经济学理论、核心能力理论等理论基础上发展起来的战略管理理论。学术界早期对动态能力的内涵界定进行了探讨。1994年，蒂斯和皮萨诺（Teece and Pisano）首次对动态能力进行定义，将其分解为整合、构建和重构三大核心的能力。动态能力主要是指企业通过信息技术资源、组织资源和管理资源，整合了内部知识与吸收性知识，持续地建立、调整、重构其内外部资源，形成竞争优势，促进企业创新效率的提升，实现企业战略变革（Teece and Leih，2016；谢康等，2016），包括环境洞察、组织学习、组织柔性等方面的能力（夏清华和何丹，2019），具有开拓性、复杂性和难复制性的特征。动态能力理论重点体现在改变导向能力、快速创新、实时反应、短期竞争优势、资源与能力的重构、网络型组织等方面。动态能力的影响因素研究可以大致分为三类：一是基于资源基础研究，认为人力资源、社会资本和管理层认知决定企业战略和管理决策，从而影响动态能力；二是基于组织手段研究，认为管理高层决策等组织因素影响动态能力；三是基于技术手段研究，认为信息与通信技术和知识管理系统对动态能力形成具有积极作用。动态能力的本质是一种创新战略，其理论的逻辑是基于外部环境分析，发现新的机遇、制定响应战略、形成新的竞争优势，通过不断创新保证企业持续发展。

在此基础上，双元动态能力是指实现相互之间有冲突目标的动态能力（刘洋等，2011）。组织双元动态能力包括弱相互依存关系和强相互依存关系两种研究视角，弱相互依存关系的动态能力理论将合作伙伴当作外部资源，强调企业自身改变内外部资源基础实现相互冲突的目标（Wang and Chen，2018；Tang and Gudergan，2018），主导型企业通过合作中的异质知识和能力的整合构建供应链管理能力（Aslam et al.，2020）。强相互依存关系的动态能力理论认为战略整合、流程整合、技术整合是影响双元动态能力的主要因素（Vahlne and Bhatti，2019）。技术创新的动态能力是指对企业内外部的资源、流程、惯例进行整合、重构、变革的能力（熊胜绪等，2016；王昌林，2017）。数字化技术赋能跨组织协作流程提升合作创新协同效率，使合作中关键信息和知识的标准、显性化（Dremel et al.，2020），促进跨组织知识交换，影响跨组织双元动态能力。

近年来，动态能力理论逐渐应用于产业的创新发展中，初步形成了产业动态能力相关理论。产业动态能力是指产业或产业集群中的企业感知、把握、创造技术和市场机会，积累、利用和提升知识基础，根据复杂的动态环境整合资源，把握发展机遇，从而维持产业竞争优势的能力（吴海宁，2015），并将其应用于上下游产业链，实现跨产业升级（何小钢，2019）。吴悦等（2020）通过构建基于动态能力的产学研协同创新知识流动模型发现，动态能力可以从根本上实现知识优势。子雅伊等（Ziyae et al.，2021）基于动态能力研究酒店服务业创新。

第四节　产业数字化转型理论

学术界目前还没有系统阐述产业数字化转型的理论体系。下面从产业数字化转型的定义、核心特征和产业链重塑效应三个方面探究产业数字化转型理论体系。

一、产业数字化转型的定义

产业数字化转型是传统产业利用数字技术对业务进行升级，提升生产数量和生产效率的过程；是以数字科技为支撑，以数据为关键要素，以价值释放为核心，以数据赋能为主线，对产业链上下游全要素数字化升级、转型和再造的过程。国家统计局发布的《数字经济及其核心产业统计分类（2021）》将产业数字化定义为应用数字技术和数据资源为传统产业带来的产出增加和效率提升，是数字技术与实体经济的融合。

二、产业数字化转型的核心特征

第一，数据成为新的生产要素。农业时代，以土地和劳动为生产要素；工业时代，土地、劳动、资本、技术成为生产要素；数字时代，数据与土地、劳动、资本、技术一起成为新的生产要素。数据作为信息的载体，不仅是产业数字化的核心，也是商业模式创新、业务流程优化、商业决策制定的核心依据，已经成为产业数字化转型的核心生产要素。大数据技术就是信息矿藏的开采和加工工具，让人们在结构数据之外，进一步挖掘了多种数据类型和巨大数据体量下的商业价值，有效实现了数据到价值创造的有效转化，从而成为业务创新、产业升级、社会变革的重要源泉。

第二，供求信息精准匹配成为商业模式创新的动力。传统产业数字化程度普遍偏低，在云计算、人工智能、物联网等数字技术的推动下，产业数字化转型驱动商业模式的智能化变革，基于应用需求驱动的软件功能创新成为数字化转型的重要抓手，数字化平台颠覆传统产品驱动的商业模式，生产端企业直接触及消费端用户，消费者需求或体验成为驱动企业生产的新动力，形成生产商、中间商、消费者的信息互联互通，促使传统产业向柔性化、定制化和个性化方向变革，供求信息精准匹配为商业模式创新提供新动力。

第三，产业互联网成为产业振兴的助推器。产业互联网是基于海量数据采集、汇聚、分析，融合应用云计算、大数据、物联网、人工智能等数字技术，构建生产服务体系，支撑产业资源的泛在连接、弹性有效供给、高效精准配置，实现了最新数字化技术与现代技术的深度融合，产业全要素的泛在链接，构成了资源汇聚分享的重要平台，使得产业能够实现数据的全面感知、动态传输，提高资源配置效率，构建智能生产模式、达成互动化服务闭环，成为传统产业振兴的助推器。

第四，"区块链 + 供应链"成为产业大规模协同发展的技术支撑。区块链具有去中心化、开放性、共享性、透明性、私密性等特征，能够提供块链式数据存储、数据防篡改、基于共识的透明可信等信任协作机制，可以构建可信的应用环境，满足供应链管理的需求，为解决产业大规模协作问题提供了可靠的技术支撑，实时了解商品的状态，有效避免信息的失真和扭曲，满足联盟企业之间的利益，打破传统封闭的运营模式，优化生产运营和管理，提升运行效率和产出效益，形成开放共享的产业生态，在供应链领域发挥着重要作用，为产业大规模协同发展提供技术支撑。

三、产业数字化转型的产业链重塑效应

产业数字化转型通过研发重塑、生产重塑、消费重塑、协同重塑，重塑企业组织架构，再造全产业链流程。

第一，研发重塑，传统产业研发环节由企业自身研发团队主导，无法直接了解消费者的需求，针对消费者的市场调研也具有局限性，时效性不强。产业数字化转型直接通过数字化平台与消费者进行及时、深度、持久的双向交互，更精准快速地把握市场变化和用户痛点，有针对性地随时调整研发方向和内容；同时可以让消费者直接参与到产品研发设计中，为产业带来更多的创新源泉，推动研发由过去封闭式自我研发向开放式众包研发转型。

第二，生产重塑。通过云计算、大数据分析、物联网等数字化技术，企业不仅可以更及时精准地定位用户群体和需求，还能够挖掘出生产环节产生的大量数据信息的深度价值，再造企业的全产业链流程。如海尔集团借助数字化技术，通过相关应用软件实现生产要素的智能配置、生产流程的动态管理，为消费者提供个性定制化服务，最终实现智能化、定制化、

柔性化生产。

第三，消费重塑。在传统消费模式下，企业依赖中间渠道寻找客户，市场信息不对称，限制了市场和利润的拓展，增加了交易双方的时间与经济成本。数字化技术极大地削弱了信息的不对称性，通过线上线下的多渠道交互实现供需两端的精准高效对接，重塑传统消费业态，实现全渠道、交互式、精准化营销。

第四，协同重塑。产业数字化转型不仅有助于企业内部协作，还能够从整体产业层面实现不同环节的协同联动，打造更具有生命力的全产业生态系统。产业数字化转型既可以实现电子商务、互联网金融、智能生产、移动办公等分散应用的连接整合，又能够将产业链的不同环节连接起来，实现上下游企业的协同联动，以及产业生态系统的优化完善。

综上所述，学术界对于数字经济与流通变革相关的理论已经有了一定的研究。一是通过归纳总结网络外部性理论、熊彼特创新理论、长尾理论、市场均衡理论、交易成本理论，为数字经济研究奠定基础。二是在西方经济学与马克思经济学的流通经济理论基础上，阐述了我国现代流通经济理论，为流通理论创新提供理论根基。三是通过开放式创新理论、推拉理论、动态能力理论、产业数字化转型理论的研究，为数字经济驱动现代流通业变革的效应和机制提供理论支撑。

第三章

数字经济驱动现代流通业变革的文献回顾

本章主要从数字经济的产业影响力研究、现代流通体系研究、数字经济与现代流通业变革研究三个方面系统梳理数字经济驱动现代流通业变革的相关文献，进而为本书后面章节研究数字经济驱动现代流通业变革问题，构建数字流通理论体系，探寻数字流通发展实践路径奠定研究基础。

第一节　数字经济的产业影响力研究

数字经济作为世界经济发展的新动能，对产业发展产生了较大的影响。近年来，国内外学者主要从产业结构优化、产业转型升级、产业高质量发展、产业效率四个方面研究了数字经济对产业的影响力效应，已经形成了初步的研究成果。具体内容如下文所述。

一、数字经济对产业结构优化的影响

数字经济的快速发展，驱动着产业结构不断地优化。国外学者关于数字经济推动产业结构优化的研究较少，比较有代表性的研究有：哈尔巴江等（Harbhajan et al., 2005）研究发现数字经济时代产业结构重点由传统工业向高科技产业和现代服务业转变，经济组织结构和产业形态也会发生改变；梅特卡夫（Metcalf, 2011）认为新技术促进新兴产业集聚和生产要素重组，从而加速产业结构变动；程等 Cheng et al., 2018）认为技术变革促进产业结构的升级；赫奥和李（Heo and Lee, 2019）认为数字经济使信息通信产业与其他产业之间产生联动效应、溢出效应、扩散效应，推动产业结构升级。我国学者张于喆（2018）分析了数字经济驱动产业结构升级的作用机制；李晓钟和吴甲戌（2020）研究了数字经济所发挥出来的对产业结构转型升级驱动作用的区域异质性；胡艳等（2021）分析了数字经济对产业结构升级的影响；李治国等（2021）认为数字经济对产业结构转型升级效应具有边际报酬递增优势，且存在区域异质性效应；丁守海和徐政（2021）在新格局背景下研究了数字经济促进产业结构升级的内在机理、

存在的堵点与发展路径；彭影（2021）研究发现数字经济加快产业结构的优化速度、高级化程度和效益；白雪洁等（2021）基于效率型技术进步理论提出数字经济促进产业结构转型；郭炳南等（2022）实证研究发现数字经济通过促进产业结构合理化和高级化，推动产业结构升级，且呈现边际效应递增的非线性与区域异质性；张凌洁和马立平（2022）研究发现数字经济促进我国东部、中部、西部地区的产业结构升级；冯素玲和许德慧（2022）采用双向固定效应和空间杜宾模型实证分析发现，数字产业化通过提升产业数字化水平促进产业结构升级，并呈现出边际效应递增、空间溢出效应；戚聿东和褚席（2022）认为数字经济发展驱动产业结构合理化和高度化，促进产业结构升级。

二、数字经济对产业转型升级的影响

数字经济的快速发展，在一定程度上促进了传统产业的转型升级。国外学者研究了数字经济对产业转型升级的影响，比较有代表性的研究有：奥普雷斯尼克和塔伊斯奇（Opresnik and Taisch，2015）研究了大数据在服务业中的价值；皮（Pee，2016）提出 B2C 电子商务平台使消费者成为企业创新的重要参与者，推动整个产业链升级；马克和沈（Mak and Shen，2021）基于京东的案例分析了数字经济对产业供应链转型升级的影响。我国学者杜传忠和马武强（2003）从信息化的角度出发，认为信息化可以直接促进传统产业改造升级，改善社会产业结构；茶洪旺和左鹏飞（2017）研究发现信息化促进我国产业结构升级；赵西三（2017）对数字经济驱动中国制造转型升级进行了研究；汪涛武和王燕（2018）提出数据资源推动传统制造业转型升级；陈晓红（2018）研究发现数字技术应用推动制造业数字化转型升级；李春发等（2020）研究了数字经济驱动制造业转型升级的作用机理；何文彬（2020）从价值链的角度，基于全球价值链的研究范畴，进一步探讨了数字经济对于制造业升级的重构效应；李晓雪（2020）提出数字化技术驱动的以消费需求为核心的供需体系变革内在推动零售业数字化转型；焦勇（2020）基于数据、创新、需求和供给四个方面研究数字经济驱动制造业转型发展；范周（2020）研究发现数字经济推动文化产业转型升级；周之瀚和杨曦（2021）构建异质性企业动态均衡模型研究数字经济对产业生产率、产业内资源整合等的影响，提出政府应因地制宜制定促进产业数字化转型升级政策。

三、数字经济对产业高质量发展的影响

数字经济在我国产业高质量发展中发挥着日益重要的作用。我国学者研究了数字经济对产业高质量发展的影响，比较有代表性的研究有：祝合良和王春娟（2020）在阐述数字经济引领产业高质量发展的理论基础上，剖析其存在的内在机理，并提出了未来发展路径。邬彩霞和高媛（2020）研究了数字经济驱动低碳产业发展的机制与效应。任波和黄海燕（2021）、沈克印等（2021）研究了数字经济驱动体育产业高质量发展的理论与路径。余姗等（2021）基于出口技术复杂度提升视角研究了数字经济对我国制造业高质量走出去的影响。蹇令香等（2021）提出数字经济驱动中国海洋产业高质量发展的影响效应与发展路径。魏鹏举（2021）提出数字经济促进中国文化产业高质量发展。惠宁和杨昕（2022）通过理论与实证研究发现，数字经济通过促进制造业的绿色全要素生产率提升，从而进一步带动制造业不断地向高质量发展。车树林（2022）提出数字经济驱动文化产业高质量发展的动力体系与发展路径。罗宇昕等（2022）提出数字经济引领体育产业高质量发展的内在逻辑与实践向度。

四、数字经济对产业效率的影响

数字经济的发展还对产业效率产生了影响。国外学者朱卡和马蒂（Jukka and Matti，2007）认为信息产业促进产业生产率的增长。周振华（2004）认为信息化促进产业间知识流通效率提升。蔡跃洲和张钧南（2015）认为信息技术可以提高产业的全要素生产率。江小涓和罗立彬（2019）研究发现新兴信息技术提升服务业生产率。张龙鹏和周笛（2020）提出信息技术应用促进生产率提升。梁琳（2021）提出我国应当利用人工智能，进一步优化提升金融产业效率。杜华勇等（2021）认为产业互联网平台通过消费者共创实现产业效率提升。黄蕊和徐倩（2020）研究了数字技术对我国旅游产业效率提升的影响。孙早和侯玉琳（2021）得出人工智能可以提升传统制造业生产率的结论。李帅娜（2021）从理论与实证两个方面研究了数字技术对服务业生产率的赋能效应。余东华和韦丹琳（2021）采用固定效应模型实证研究发现互联网应用可以提升制造业全要素生产率，技能溢价

具有调节效应。李谷成等（2021）认为互联网的技术驱动农业全要素生产率增长。

第二节　现代流通体系研究

学术界关于现代流通体系内涵还没有形成统一的观点。本部分系统梳理了学术界关于现代流通体系内涵的研究，并在此基础上总结了学者们关于现代流通体系的建设构想。

一、现代流通体系的内涵

流通体系，也称为流通系统，最早是由日本著名流通专家林周二于1977年提出来的。他认为"流通系统作为一个体系，是由制度系统（社会系统）与实体系统（物理系统）两个方面构成的社会综合系统。如果从工程学的角度解释的话，前者是流通系统的软件，后者是硬件"（林周二，2000）。在我国，流通体系的概念是在20世纪80年代流通改革中提出来的，到了20世纪90年代中期以后开始广泛使用，主要是指流通模式和流通制度。21世纪以来，随着传统流通向现代流通转变和发展，现代流通体系的概念开始出现，但至今为止，理论界和政府部门对现代流通体系的内涵有不同的理解，没有形成一致的认识。

陈文玲（2004）认为现代流通呈现出国际化、社会化、信息化、混沌化特征，从全球化视角来看，现代流通是以消费需求为起点的全要素、全开放、全过程的流通。现代流通体系主要通过五大载体得以表现：一是更加全球化的跨国企业，是流通体系最重要的载体；二是更加便利的流通经济圈；三是全球的供应体系；四是连锁经营；五是全球贸易规则或流通规则的制定。孙前进（2011）在阐述现代流通的流通环境、连锁经营、信息系统、电子商务等特征的基础上，提出现代流通体系包括政策法规及行政管理体系、国内流通体系、国际流通体系、支持与保障体系四个方面。洪涛（2013）认为，现代流通体系是由七大横向流通体系、五大纵向流通体系和六大保障体系构成的一个相互联系、相互作用、共同发展的、有机的组织整体。七大横向流通体系包括农产品流通体系、生产资料流通体系、日用工业品流通体系、生活服务流通体系、商务服务流通体系、信息服务流通体系、再生资源流通体系；五大纵向流通体系包括流通组织体系、渠道体系、市场体系、管理体系、宏观调控体系；六大保障体系指为流通提供保障的体系构架，包括财政体系、税收体系、融资体系、保险体系、信息预警体系、国家储备体系。

在双循环新发展格局下，王先庆（2020）提出现代流通体系是以互联网、大数据、人工智能等新技术为基础，以新业态新模式为核心，由全球流通渠道体系、组织结构体系、战略支撑体系、贸易流通方式体系、流通价值体系构成。丁俊发（2020）基于大流通观提出包含商品流通、要素流通、行政监管、流通主体运作、流通基础设施构建的现代流通体系。祝合良（2020）认为，从国外现代流通体系发展的趋势和我国的实际情况来看，现代流通体系是指适应现代经济发展需要的流通实体系统和流通制度系统。它主要包括三大体系：一是现代流通运行体系，即由现代流通主体、流通客体、流通载体和流通方式构成的流通运行体系；二是现代流通保障体系，即由流通基础设施、流通标准、流通信用、信息监测服务、商品应急储备、市场应急调控等构成的保障体系；三是现代流通规制体系，即由流通管理体制、流通政策、流通法律法规、市场营商环境等构成的规制体系。

二、现代流通体系的建设构想

丁俊发（2007）建议推进流通社会化、市场化、专业化、现代化，构建现代商贸物流体系、农村双向物流体系、易腐食品冷链物流体系、应急物流体系，以降低物流费用；姜增伟（2010）提出通过农副产品流通体系、消费工业品流通体系、生产资料流通体系、餐饮与服务业流通体系推进我国现代流通体系建设；李智（2012）在国际金融危机和"十二五"战略背景下，着眼于"中国特色"提出通过引进先进流通技术装备、普及适用流通技术，构建以现代流通为先导，发挥市场资源配置力，促进产业和消费升级；宋则（2018）从筑牢现代流通体系微观基础视角提出必须通过深化改革、优化营商环境、加强自主渠道和自主品牌建设，树立诚信经商理念，创造人工智能技术普及的人才条件和环境条件。

对于双循环新发展格局下现代流通体系建设，马龙龙（2020）提出现代流通方式要与国际接轨，全面推进流通一体化，突出国家在消费结构转型升级、现代流通生产力发展、维护公平市场秩序、配合国家宏观调控政策的控制力；李钢（2020）提出要加快构建国内统一大市场，统筹要素市场型开放与规则制度型开放，要将国内流通规制改革与国际监管一致性有机结合，要将流通体系现代化与数字化相结合；王微（2020）提出以消费变革为核心，以数字化发展为动力，以供应链创新为抓手，以补短板为突破口，以改革开放和制度创新为引领；宋华（2020）提出确立高效率、高效能、数字化、智慧化的高质量产业供应链系；李飞（2020）提出制造商要向流通渠道提供"好物"和"美物"，流通商要把好质量关，要关注"入口、途中、出口"的全面管理；汪旭晖（2020）提出顶层设计应紧扣"大流通"战略，以"现代流通体系 + 区域发展战略"与"现代流通体系 + 现代产业体系"为支撑；郑勇军（2020）提出培育与双循环战略相匹配的内外市场一体化、线上线下融合发展的国际采购中心、跨国集团、电商平台三大分销生态圈；樊增强（2020）提出现代流通体系应与我国制造业升级在"双循环"条件下内在地耦合起来，协调推动我国制造业升级；徐振宇（2020）通过常态化、制度化、虚拟化研究，重视对新问题、新实践和新矛盾的研究，强化我国现代流通体系建设的科研支撑；肖亮（2020）提出统筹推进流通体系的流通主体、流通客体、流通载体、流通环境"四要素"和流通模式的数字化、标准化、集约化、平台化、国际化"五化"转型；赵浩兴（2020）提出从供需调整、品牌升级、体系重构、场景再造推进现代流通体系建设；粟日（2020）建议政府主管部门应当对线上线下、线上各渠道之间制定统一的监管政策，减少价格管制，积极研究与数字经济生产方式相适应的贸易规则、商业规则、监管规则；荀卫（2020）认为统筹推进现代流通体系建设需要做好硬件和软件建设、发展流通新技术新业态新模式、完善流通领域制度规范和标准三项工作。

第三节　数字经济与现代流通业变革研究

本部分系统归纳总结了国内外关于数字经济的测度、流通效率的测度与影响因素、数字经济对流通效率的影响、流通业数字化转型研究。

一、数字经济的测度

对于数字经济的测度，目前国内外还没有形成统一的方法。归纳起来，国内外比较普遍的方法主要可以分为数字经济规模测度和数字经济发展水平测度两种。

（一）数字经济规模测度

对于数字经济规模测度，美国、欧盟、英国都进行了相关研究。2016年，美国商务部通过构建数字经济框架，测度美国数字经济规模。2016年，英国通过将数字经济定义为信息与通信技术和数字内容来测度数字经济规模。2017年，欧盟统计局用数字化投入带来的经济产出作为数字经济规模的测度结果。2019年，美国经济分析局通过测度美国数字经济的增加值来衡量数字经济规模。

我国学者康铁祥（2008）从产业部门的视角，将数字经济涉及的数字产业部门、非数字部门的数字活动都划入数字经济的范畴，用两者所创造的增加值来测度我国数字经济规模；蔡跃洲（2018）提出以增长理论为基础，用增长核算的方法来测度数字经济的增加值和贡献度；许宪春和张美慧（2020）用数字经济增加值与总产出构建数字经济规模测度框架，测度中国、美国和澳大利亚的数字经济规模；蔡跃洲和牛新星（2021）从数字产业化和产业数字化两方面，使用国民经济核算、增长核算和计量分析等工具测度中国数字经济增加值规模。

综上所述，数字经济规模测度方法能够直观反应数字经济规模体量，但由于目前不同的研究机构对数字经济内涵和外延没有统一界定，数字和被数字化提升产品与活动带来的增加值很难统计，导致数字经济规模测度结果之间存在较大差异。

（二）数字经济发展水平测度

国内外政府、研究机构、学术界通过设计数字经济发展水平指标体系，对数字经济发展水平进行科学的量化，已经形成了一定的研究成果。

国外政府、研究机构、学术界研究了数字经济发展水平的测度。国外比较有代表性的数字经济发展水平测度方法有：钡和费尔利（Chinn and

Fairlie，2006）用与数字经济相关的收入指标、管制指标、基础设施指标测度数字经济发展水平。爱德华和克伦肖（Edward and Crenshaw，2006）选取外商投资、主要城市群、制造出口三方面测度出世界各国的数字经济发展水平。美国建立了数字化指数指标评价体系。欧盟建立了数字经济与社会指数评价指标体系。2014 年，经济合作与发展组织选取了数字经济现状指标、智能基础设施指标、赋权社会指标、创新能力指标、ICT 经济效应指标构建数字经济发展水平指标体系对数字经济发展水平进行了测度。西多罗夫和森琴科（Sidorov and Senchenko，2020）构建了评价数字经济发展的指标体系。但是数字经济在不断发展，对于数字经济的内涵没有完全的认识，构建的指标体系并不能全面地测度数字经济发展水平。

国内虽然对于数字经济的研究起步较晚，但对于数字经济发展水平的测度也有了初步的研究成果。腾讯研究院自 2015 年发布数字中国指数，从数字产业指数、数字文化指数、数字政务指数、数字生活指数衡量我国各省市数字经济发展水平，但指标选取在年度间并不一致，从而影响其纵向可比性。2017 年，中国信息通信研究院从数字产业化、产业数字化以及数字化治理等方面构建数字经济景气指数，但理论框架、指标间逻辑性、科学依据等还有待完善，指标缺乏可持续性和代表性。2017 年，新华三集团选取城市信息基础指标、城市服务指标、城市治理指标、产业融合指标等构建了我国首个城市数字经济发展水平的评估体系。

早期学者重点从信息化角度对数字经济发展水平进行测度，张伯超和沈开艳（2018）选取要素禀赋与基础设施指标、营商环境创新指标和信息技术指标构建数字经济发展水平指标体系；董有德和米筱筱（2019）采用制度与创新环境指标、基础设施建设指标、信息技术应用指标构建评价体系，测算数字经济发展水平；张雪玲和焦月霞（2017）选取信息与通信基础设施、ICT 初级应用、ICT 高级应用、企业数字化发展、信息与通信技术产业发展构建指标体系，基于指数法和熵权法研究发现数字经济发展水平总体呈现上升趋势。随着互联网和数字金融的发展，学者们从互联网发展水平和数字金融水平对数字经济发展水平进行测度：张勋等（2019）重点关注数字经济中的数字交易，以数字金融发展水平来表示；唐红涛等（2021）用互联网发展水平相关指标进行衡量；赵涛等（2020）、梁琦等（2021）学者从互联网发展和数字金融普惠两方面进行测度；刘军等（2020）

从信息化发展、互联网发展和数字交易发展三个维度进行了测度；陈小辉等（2020）采用 CRITIC 方法计算数字经济发展水平指数；曹萍萍等（2022）从互联网普及指标、互联网人力资本指标、信息消费规模指标、数字金融普惠发展指标测度；李亚波和崔洁（2022）从互联网的基建、使用、企业以及数字金融四个方面进行测度。随着数字经济的不断发展，政府、研究机构、学者们从数字产业化、产业数字化、数字基础设施、数字交易、数字创新等方面对我国数字经济发展水平进行了测度。2021 年，赛迪顾问初步从数字基础设施、数字经济产业、数字化治理、数据价值化四个维度对我国数字经济发展水平进行测算；王军等（2021）选取数字经济发展载体指标、数字产业化指标、产业数字化指标、数字经济发展环境指标测度我国数字经济发展水平；徐维祥等（2021）从数字基础设施、数字产业发展以及数字普惠金融三个层面进行测度；姜南等（2021）选取了数字普惠水平、数字产业、基础设施、数字产业经济四个维度构建指标体系测度；柏培文和张云（2021）从数字产业活跃度、数字创新活跃度、数字用户活跃度和数字平台活跃度四个角度构建数字经济发展指数；巫景飞和汪晓月（2022）从数字产品制造指标、数字产品服务指标、数字技术应用指标、数字要素驱动指标对数字经济发展水平进行测度；翟文静和许学军（2022）选取数字基础设施指标维度、数字发展环境指标维度、数字产业化水平指标维度和数字创新能力指标维度测度浙江数字经济发展水平；李浩和黄繁华（2022）从数字化的环境、投入和产出维度构建数字经济发展指数；申明浩等（2022）采用数字经济发展载体指标、数字产业化指标、产业数字化指标测度我国各省份数字经济发展水平；李梦娜等（2022）从数字产业、数字用户、数字平台、数字普惠金融四个层面对我国数字经济发展水平进行测度。

2022 年，《"十四五"数字经济发展规划》提出数字经济发展指标主要包括数字经济核心产业增加值 /GDP、IPv6 活跃用户数量、宽带用户数量、软件和信息技术服务业规模、工业互联网平台应用普及率、全国网上零售额、电子商务交易规模、在线政务服务实名用户规模。

二、流通效率的测度与影响因素

目前学术界对流通效率的测度与影响因素进行了初步的研究，取得了一定的研究成果。

（一）流通效率的测度方法

国内外学者主要通过 DEA 法、随机前沿分析法、因子分析法对流通效率进行测度。

第一，DEA 法。DEA 模型自 1978 年建立以来，已经被广泛应用于产业效率、组织效率和区域效率的评价与测度。特别是 DEA-Malmquist 指数法弥补了不能动态衡量跨期生产率变化、技术变化以及效率变动的不足，日益被国内外学者应用于我国产业效率的评价与测度。全要素生产率的变动指数表示样本期间的全要素生产率与前一时期相比的变化情况。我国学者用 DEA-Malmquist 指数法测度全要素生产率表示产业效率（朱震锋和曹玉昆，2017；申鹏鹏等，2018；王兆峰和杨显，2018；王兆峰和赵松松，2019）。通过 DEA-Malmquist 指数法测度的全要素生产率指数大于 1，则表明本期全要素生产率比上一期提高，反之则表示全要素生产率下降。全要素生产率指数又可以分解为技术进步指数和技术效率指数。技术进步指数大于 1 表明生产过程中使用的技术进步，有限资源可以生产更为丰富的产品。技术效率指数是指生产过程中的资源配置和管理水平，衡量在既定技术水平条件下生产部门能否进行更优资源配置以提高管理水平。技术效率具体而言又可以分解为纯技术效率与规模效率。纯技术效率表示在技术水平、资源投入、生产规模一定的条件下生产部门是否能获得最优产出，可以用来衡量生产者对于生产资源配置和组织生产经营管理的能力。规模效率是指企业或者生产部门进行最优规模生产的能力。近年来，国内外学者运用 DEA-Malmquist 指数法对流通效率进行了测度。国外学者基赫和丘（Keh and Chu，2003）利用 DEA 法，投入指标选取劳动力和资本，产出指标选取流通服务和销售收入，对美国连锁零售商效率进行了测算；巴罗斯和阿尔维斯（Barros and Alves（2004）最早用 DEA-Malmquist 指数法测度流通业生产率增长，通过 DEA-Malmquist 指数法分析 1999—2000 年某连锁超市 47 个大卖场效率；乔治（Jorge，2008）运用 DEA-Malmquist 指数法对 1995—2004 年西班牙零售业效率和生产率进行测度；尤和拉曼纳森（Yu and Ramanathan，2008）采用 DEA-Malmquist 指数法，研究测度了英国零售业效率；瓦斯等（Vaz et al.，2010）利用 DEA 法，投入指标选取总资产、股东资本、员工数，销售额指标作为产出指标，对葡萄牙零售业效率进行了测度。国内学者孙金秀（2014）运用 GRA-DEA 混合模型，选取流通业产值、连锁经营、物流配送作为产出指标，选取流通业的从业人员、固定资产投资、互联网水平、物流程度等作为投入指标，对我国现代流通业效率进行了测度；陈宇峰和章武滨（2015）采用超效率的 DEA 模型测算了我国东部、中部和西部三个地区的商贸流通效率；胡宗彪和朱明进（2016）运用 DEA-Malmquist 指数法测度我国流通业全要素生产率的区域差异性和行业异质性；孙畅和吴立力（2017）用 DEA-Malmquist 指数法研究了我国各地区各细分行业的流通业全要素生产率；赵霞等（2018）使用三阶段 DEA 模型测算中国流通业效率区域异质性；柳思维和周洪洋（2018）选取流通业资本、劳动和物流作为投入指标，流通业增加值作为产出指标，在全要素生产率的理论框架下，运用超效率的 SBM-DEA 研究方法，采用 DEA-Malmquist 指数法测度出我国流通效率；李晓慧（2019）运用 DEA-Malmquist 指数法在全要素生产率分解下研究我国流通业效率；王晓东等（2020）采用 DEA-Malmquist 指数法选取批发和零售业为研究样本，测度我国流通业效率。

第二，随机前沿分析法。随机前沿分析法是在法雷尔（Farrell）提出效率前沿函数和技术效率概念的基础上，通过计量模型可以得出前沿函数中的未知参数计算的理论与实际值，适用于多投入单产出问题。随机前沿分析法的缺点在于不具有完全的客观性，并且难以解决多投入多产出问题。我国学者采用随机前沿分析法对产业效率进行了测度（刘瑞娟等，2017；周江等，2018；胡亚光，2019）。库奥斯曼恩（Kuosmanen，2006）采用随机前沿分析法研究了批发和零售行业效率的变化。欧阳小迅和黄福华（2011）选取农产品流通量作为产出指标，农产品流通资本和从业人员作为投入指标，采用产出距离函数测度我国农产品流通效率。寇荣和谭向勇（2008）采用随机前沿分析法分析了蔬菜批发主体技术效率及其影响因素。王良举和王永培（2011）采用超越对数生产函数的随机前沿分析法测算了我国农村流通产业技术效率及其影响因素。汪旭辉和文静怡（2015）采用随机前沿分析法对比分析了不同区域农产品的物流效率。

第三，因子分析法。1931 年，塞斯通（Thurstone）提出"因子分析"的概念，因子分析法是基于指标相关矩阵，将内部相关的变量归因为少数不相关的综合因子的统计方法。李骏阳和余鹏（2009）运用因子分析法，选取流通业的周转率指标、规模指标、效益性指标对流通效率进行评价与测算。郭守亭和俞彤晖（2013）运用因子分析法，从市场、企业、资本、人员四个方面构建流通效率测度指标体系，实证研究我国流通产业效率时序变化和空间差异。俞彤晖（2014）运用因子分析法，从市场、资本、企业、人力四个方面测度广东各地级市的流通效率。

（二）流通效率的影响因素

流通效率受到很多因素的影响，近年来国内外学者从不同角度对流通效率的影响因素进行了研究。国外学者程和程虹（Cheng and Chenghong, 2007）认为流通效率与流通供应链效率有关，而流通供应链效率可以通过市场竞争、消费者满足提升企业信息和资金共享能力来实现。我国学者张宏和刘林清（2010）认为信息和金融等技术发展、非面对面市场交易行为促进流通创新，提升流通产业效率；董承华和刘国辉（2013）发现供应链整合、管理信息系统、线上与线下融合可以促进流通企业效率提升；孙金秀（2014）认为固定资产投资、从业人员、物流水平、R&D 经费影响现代流通业效率；柳思维和周洪洋（2018）研究发现人口城镇化、土地城镇化促进流通业产出效率；赵霞等（2018）发现流通业效率与经济发展水平、技术创新能力、地区开放程度相关；初天天（2019）认为流通全要素生产率的高低主要由技术贡献度、信息化水平、城镇化水平、公共支撑体系决定。

三、数字经济对流通效率的影响

随着互联网、物联网、大数据、人工智能等数字技术的发展，国内外学者早期论证了信息技术、互联网发展对流通效率的影响，但数字经济对流通效率影响的研究还处于初步阶段。

国外学者初步研究了数字经济对流通业细分行业的效率影响。奥利纳和西奇尔（Oliner and Sichel, 2003）研究指出美国流通业效率的增长主要源于 ICT 技术对零售企业生产效率的促进作用。佳明等（Jarmin et al., 2004）发现技术创新可以促进行业内部资源重新配置，从而实现行业生产率水平的提升。于承和奇瑞（Wooseung and Cerry, 2011）从供应链的视角，借助数据式模型研究发现可通过多种方式提升流通效率。克隆普和洛塞克

（Klumpp and Loske，2021）实证分析了信息技术中断对零售物流效率的影响。

近年来，我国学者初步研究了数字经济对流通效率的影响。谢莉娟和张昊（2015）从宏观和中观两个层面采用实证分析和案例分析研究发现，互联网发展可以促进流通业效率的提高。王晓东和王诗枬（2016）研究了信息化发展水平流通效率的影响。谢莉娟等（2019）认为在数字化的媒介机制作用下，能够实时反馈商品流通信息，缩短整体供应链的流通时间，提升流通生产效率。王春豪和袁菊（2019）研究发现互联网发展水平对流通业效率具有正向促进作用。李美羽和王成敏（2019）认为互联网思维和技术进步可以通过优化农产品渠道模式提升流通效率。谢莉娟和王晓东（2020）提出在数字经济新时代下，信息技术支持能够有效拓宽零售市场组织边界，减少供需误配，从时空双重维度推动零售业数字化变革，数字化零售提升流通效率。刘大为和李淑文（2021）认为互联网等新型消费基础设施可以推动流通效率提升。邱子迅和周亚虹（2021）提出数字经济驱动流通效率，进而实现数据在产业链条中的自由高效传递。白永秀和宋丽婷（2021）研究发现数字技术可以提升流通效率。唐红涛等（2021）研究发现数字经济在一定程度上阻碍流通效率的提升，数字经济发展程度越高的地区阻碍效应越弱。古川和黄安琪（2021）认为数字经济促进农产品批发业经营效率提升，数字经济发展水平低时对经营效率提升作用更明显。谢莉娟和庄逸群（2021）从企业层面研究了数字经济时代流通效率微观创新机制对我国流通改革与政府职能的重要作用，发现通过供应链反向整合从而实现流通效率提升。崔占峰等（2021）在新型消费背景下，研究了基于互联网技术的"云摊"说服力构建，从而提高商品流通效率。涂圣伟（2021）认为，"十四五"时期，我国应当通过完善制度创新、技术赋能、市场支撑的动力机制，基于创新链促进产业链、供应链提升，提高市场流通效率，畅通城乡经济循环。胡钧等（2022）基于马克思商品流通经济理论研究发现数字技术可以提升商品流通效率。

四、流通业数字化转型研究

国外学者马修斯和秋（Mathews and Cho，2000）认为技术战略促进了传统服务业转型升级；皮萨诺等（Pisano et al.，2015）提出互联网分享经济模式可以实现传统服务业供需瞬时精准匹配；王（Wong，2015）认为分享经济平台可以创造新消费和新供给机制；柯特尼等（Koutanaei et al.，2015）认为零售业需要数据支撑，通过数据挖掘，精准定位目标用户，进行产品推荐，使新零售业黏性更高，用户忠诚度更好。荣（Rong，2018）提出实施电商结合战略，即实施"互联网 + 物流 + 扶贫"的新型流通业扶贫模式，通过优化流通体系；华纳和瓦格（Warnerand Wäger，2019）探讨了传统企业数字化转型动态能力构建与通用应急因素。

　　国内学者谭洪波和郑江淮（2012）认为数字技术驱动传统服务业变革已成为全球经济增长新动能；郭燕等（2015）提出了基于线上线下融合的传统零售商转型升级对策；胡永铨和齐亚峰（2016）探索在网络经济下传统商贸流通平台升级的驱动因素和升级内容，发现企业核心能力和企业外部环境是驱动海宁皮革城平台升级的重要因素，海宁皮革城平台升级包括功能升级和地位升级；曾世宏和高亚林（2016）认为互联网催生新业态、改变传统产业价值链、实现消费需求的长尾效应，可以实现传统服务业数字化发展；张建军和赵启兰（2018）构建了流通供应链商业模式理论分析框架，提出新零售驱动下流通供应链商业模式的转型升级机理，研究了不同类型流通供应链商业模式的转型升级路径，提出以消费者个性化需求为导向的数字化、柔性化、扁平化、共享化和生态化的流通供应链平台生态系统商业模式；刘向东和汤培青（2018）认为智慧零售是传统零售商数字化转型的前沿阶段；沈华夏和殷凤（2019）案例分析了实体零售商数字化转型过程的实践与经验，提出零售企业数字化转型建议；王砚羽等（2019）认为人工智能等先进数字技术是实现"新零售"的核心支撑，是流通企业未来发展的重要手段；谢莉娟和庄逸群（2019）通过案例发现适应互联网长尾需求的极大显现和"拉"式产销逻辑的转化，利用数字化驱动引导形成高度适应需求动态的柔性生产，不仅是零售深度媒介供需的新机制，也是数字化零售引领形成经济增长新动能的体现；师傅（2020）研究发现基于人工智能的智能协同规划与绿色交易模式助力流通向智能消费、绿色消费等智慧化转型升级；李晓雪（2020）提出数字化技术驱动的以消费需求为核心的供需体系变革内在推动零售业数字化转型；俞彤晖和陈斐（2020）提出流通智慧化转型具有科技密集型、消费便利性、跨界融合性、服务增值化特征，流通规模经济效应迎来拐点、消费需求变革加速推进、互联网普及与数字技术应用、大规模定制生产方式兴起、数字经济背景下流通企业间竞争是流通智慧化转型创新演进的核心驱动力，应以数字技术创新引领、商业模式多元化转型升级、流通信息高效共享、区域流通协同共进、智慧物流精准匹配、营商环境持续改善为逻辑主线实现流通智慧化转型；王强等（2020）通过多案例研究了数字化能力和价值创造能力视角下零售数字化转型机制；李晓雪等（2020）提出数字化技术驱动的以消费需求为核心的供需体系变革的零售业数字化转型内在机理。

综上所述，学术界从数字经济的测度、流通效率的测度与影响因素、数字经济对流通效率的影响、流通业数字化转型四个方面，对数字经济驱动现代流通业变革进行了初步探讨，但还存在以下四个方面的不足：一是在理论层面，国内外学者主要从产业结构优化、产业转型升级、产业高质量发展、产业效率四个方面研究了数字经济对产业的影响力效应，已经形成了初步的研究成果。国内外学者早期论证了信息技术、互联网发展对流通效率的影响，但数字经济对流通效率影响的研究处于起步阶段，对于数字经济驱动现代流通业变革的研究还较为鲜见，对数字经济驱动现代流通业变革的效率提升效应、动力机制与演化能力缺乏系统性的剖析。二是在实证层面，目前研究重点在于测度信息化和互联网发展水平，初步从数字产业化、产业数字化、数字基础设施、数字交易、数字创新等方面对数字经济发展水平进行测度，但由于数字化治理刚被写入"十四五"时期数字经济发展规划，对于数字化治理方面的评价指标还涉及较少；对于数字经济研究偏重于理论，在指标体系构建的科学性、合理性、操作性、可比性、应用性、可持续性等还存在一些不足，研究结果还存在一定的主观性和片面性；没有构建计量模型，定量研究数字经济对流通效率的整体效应、异质性效应；尚未构建数字经济驱动我国现代流通业变革的动力体系与演化路径。三是在现实层面，尚未梳理我国数字经济驱动我国现代流通业变革的历史沿革，缺乏从宏观层面与微观层面分析数字经济驱动我国现代流通业变革的现实特征。四是在对策层面，尚未有针对性地提出发展数字经济驱动我国现代流通业变革的基础支撑、实现路径、政策机制与政策建议。

数字经济驱动现代流通业变革的现实特征

本章在前述章节对数字经济驱动现代流通业变革的理论基础、文献综述、理论体系的基础上，从历史沿革、宏观环境分析、微观现实特征、国际经验借鉴四个方面分析数字经济驱动我国现代流通业变革的现实特征，为本书后面章节数字经济驱动我国现代流通业变革的实证分析，构建数字流通理论体系，探寻数字流通发展实践路径提供现实依据。首先，结合我国数字经济的发展历程，从信息化发展、网络化提升、数字化赋能三个阶段归纳总结数字经济驱动我国现代流通业变革的历史沿革。其次，深入分析数字经济驱动我国现代流通业变革的宏观环境，阐述数字经济驱动我国现代流通业变革面临的新机遇与新挑战。再次，从数字经济驱动我国现代流通业变革的现状特征与存在问题两个方面，剖析了数字经济驱动我国现代流通业变革的微观现实特征。最后，从美国、日本、韩国、东南亚等国纷纷发挥数字经济新优势驱动我国现代流通业变革的特征方面，总结数字经济驱动现代流通业变革的国际经验借鉴，为我国现代流通业变革提供启示。

第一节　数字经济驱动我国现代流通业
变革的历史沿革

对我国数字经济驱动现代流通业变革进行现实分析，首先应当梳理数字经济驱动中国现代流通业变革的历史沿革。本部分结合我国数字经济的发展历程（许宪春和张美慧，2020；陶金元和王晓芳，2021），将数字经济驱动中国现代流通业变革的历史沿革大致分为信息化发展、网络化提升、数字化赋能三个阶段。

一、信息化发展阶段

我国数字经济最初起源于互联网，以 1994 年我国接入国际互联网为标志。随着网民数量的快速增长，信息化不断发展。1997 年，我国首届全国信息化工作会议将信息化定义为培育、发展以智能化工具为代表的新的生产力。1997 年网易成立，1998 年新浪、搜狐、腾讯、京东创立，1999 年阿里巴巴诞生，2000 年百度成立，数字经济开始萌芽。对于传统流通业而言，20 世纪 90 年代，我国结束了近五十年的短缺经济。1994 年我国开始了对流通现代化的研究；1996 年消费品买方市场格局基本形成；1997 年商品市场繁荣活跃起来，市场机制在商品流通领域起决定性作用；1998 年城乡商品市场总数达 89711 个，达到历史新高。这一时期我国数字经济还处于初步发展初期，"重生产，轻流通"的观念发生了变化，信息技术的发明与应用，使商品交易方式发生变化，流通业引导生产的作用日益明显，部分超级市场、特许专卖店等业态引进自动结账系统、个人购物主力等全球最先进的信息技术。在这一时期，数字经济通过互联网基础设施促进了我国流通业信息化发展。2001 年，国家提出要发挥现代流通在社会主义市场经济中的重要作用，我国现代流通业产生并发展起来。

二、网络化提升阶段

21 世纪初，随着网络市场规模的急剧扩大，我国数字经济进入网络化发展阶段，在信息化的基础上，对信息存储、记忆、采集、处理等方面都进行了调整和改革，从"业务数据化"过渡到"数据业务化"，实现管理经验模型化。在数字经济背景下，我国流通业也呈现出"网络流通"的发展特征，由传统的"点经济"向"网经济"转变，出现了电子商务、网络社交媒体等新业态，传统的营销和物流模式发生了变革，流通效率不断提升。2003 年，连接零售端的千万消费者和商家的"淘宝网"诞生，成为世界最大的电子商务平台。2004 年，我国另一个龙头电商企业"京东商城"成立。2005 年，"博客"出现并成为国民社交新媒体。2010 年，小米公司成立，改变过去传统零售方式，采取基于互联网的全渠道销售策略。我国《流通标准"十一五"发展规划》也促进了我国流通现代化进入快速发展阶段，流通总体规模日益增长，流通业从线下实体迅速向线上网络发展，网络流通市场规模持续，网络零售企业规模迅猛增长。艾瑞咨询数据显示，2012 年我国移动网络的用户规模达到 4.2 亿户，电子商务交易额达到 8.1 万亿元，网购交易规模突破万亿元大关，达到 1.3 万亿元。同时实体零售企业也通过开拓网络流通渠道和布局线上线下一体化运营来寻求新增长点，如苏宁易购 2012 年销售规模达 183 亿元，次于排名第二的京东商城。电子商务发展的同时也促进了快递业等物流高端业态迅猛发展，2012 年全国社会物流总额为 177.3 万亿元。2012 年 9 月，《国内贸易发展"十二五"规划》提出"建立和完善现代商品流通体系"。

三、数字化赋能阶段

2013 年开始，我国政府出台了一系列数字经济发展政策。2013 年 8 月，国务院提出"宽带中国"战略，为数字化技术奠定物质基础。2014 年 2 月，习近平总书记提出建设"网络强国"的理念。2015 年 7 月，工信部提出"互联网 +"战略，传统实体经济借助互联网信息技术实现生产要素优化、资源利用效率提高、更新经营模式。2016 年 3 月，我国《"十三五"规划纲要》提出要落实"大数据"战略，推进"数据"资源共享。2016 年 9 月，我国在 G20 会议上正式提出"数字经济"的概念。2021 年 3 月，《中华人民共和国国民经济和社会发展第十四个五年规划和 2035 年远景目标纲要》提出要"建设数字中国"。数字经济已经成为我国现代化经济体系构建和经济社会高质量发展的重要支撑力量。在此背景下，国家也出台了一系列政策鼓励发展数字经济促进流通业创新。2015 年 5 月，商务部《"互联网 + 流通"行动计划》提出"互联网 + 流通"行动计划。2016 年 11 月，《国内贸易流通"十三五"发展规划》将流通信息化确定为"十三五"时期流通业的主要发展方向。2016 年 11 月，国务院《关于推动实体零售创新转型的意见》提出要"以信息技术应用激发转型新动能，进一步降低流通成本、提高流通效率"。2016 年 12 月，商务部《关于做好"十三五"时期消费促进工作的指导意见》指出要"降低流通成本，提升流通效率"。以互联网、云计算、人工智能、大数据、虚拟现实、5G 等数字技术为核心的数字经济对我国流通业的影响进一步加深，流通业增长方式正在由资本、劳动驱动向技术创新驱动转变。数字经济在创新流通产业商业模式、促进流通效率提升方面产生了巨大影响，已经从传统的网购市场，逐步扩大到出行、旅游、餐饮、物流等流通消费领域，带来业态、流程、技术和体验上颠覆性的变化。

国家统计局数据显示，2020 年中国网上零售额 117601 亿元，数字消费者达 8.55 亿人次。随着数字经济与流通业的融合发展，流通业的职能也发生本质的变化，从社会再生产的交换媒介跃升为引导生产和实现更精准匹配需求的推动力。习近平总书记在新发展格局下提出建设现代流通体系，对我国流通经济理论和流通政策实践提出了新的要求。2020 年 9 月，国务院《关于以新业态新模式引领新型消费加快发展的意见》提出要"建立健全数字化商品流通体系"。2022 年 1 月，我国《"十四五"现代流通体系建设规划》提出要"提高流通效率，降低流通成本，为构建双循环新发展格局提供有力支撑"。

综上所述，数字经济驱动我国现代流通业变革大致经历了信息化发展、网络化提升、数字化赋能三个阶段。信息化发展阶段主要是通过信息技术改变传统流通业务，促进了我国流通业信息化发展；网络化提升阶段主要是传统流通的网络化发展，现实主要表现为各种互联网电商平台的出现等，实现线上和线下打通，减少了流通的中间环节；数字化赋能阶段，数据与劳动、资本、土地一起成为新的生产要素，互联网、云计算、物联网、区块链等数字技术产生能够突破数字世界和物理世界之间的边界，成为流通业振兴的助推器，通过研发、生产、消费等流通环节的重塑，再造流通链流程，由过去的消费端到整个现代流通业的全面变革。

第二节 数字经济驱动我国现代流通业变革的宏观环境分析

我国流通业包括"批发和零售业""住宿和餐饮业""交通运输、仓储和邮政业"三大行业。商务部数据显示，截至 2020 年，三大行业的经营主体超过 8000 万个，涉及就业人员超过 2 亿人，流通主体稳定维持在 20 万个以上，呈现出多元化共同发展的格局。近年来，我国流通业总量规模继续扩大，流通企业实力增强，流通行业集中度不断提高，规模化和连锁化水平不断提升。

国家统计局数据显示，2021 年全国社会消费品零售总额 44.1 万亿元，已成为全球最大的消费品市场。在新发展格局下，我国利用数字经济驱动现代流通业变革面临新的机遇与挑战。

一、数字经济驱动我国现代流通业变革面临的机遇与挑战

（一）数字经济驱动我国现代流通业变革面临的机遇

数字经济时代，现代流通业变革成为推进双循环新发展格局的关键。在双循环新发展格局背景下，数字经济驱动我国现代流通业变革面临着新的发展机遇，具体体现在构建完整的内需体系为数字经济驱动我国现代流通业变革提供新的发展动力、国内消费升级和投资创新为数字经济驱动我国现代流通业变革提供新的供需空间、营商环境优化为数字经济驱动我国现代流通业变革提供新的基础保障。

第一，构建完整的内需体系为数字经济驱动我国现代流通业变革提供新的发展动力。在双循环新发展格局背景下，我国采取了一系列措施构建完整的内需体系。一是积极扩大消费，发展新型消费业态、消费模式等，释放了我国市场消费需求。二是从制度上构建适应内需体系的制度机制，为建立完整的国内统一市场创造了条件。三是通过投融资体制创新，进一步优化营商环境。四是通过加快西部地区5G、物联网等数字基础设施建设，在很大程度上解决了区域发展不平衡问题，缩小城乡贫富的差距。五是通过健全我国的产业链和供应链体系，提升了我国产业竞争力。可以看出，这一系列措施构建了完善的内需体系，进一步增强了我国市场的全球吸纳力，为数字经济驱动我国现代流通业变革提供可持续发展动力。

第二，国内消费升级和投资创新为数字经济驱动我国现代流通业变革提供新的供需空间。一是在国内消费升级方面，我国拥有全球规模最大的4亿多中等收入群体。中国已经形成了内需拉动型的经济体系，消费能力提升带动消费升级的趋势日益明显。二是在投资创新方面，我国在双循环新发展格局战略背景下，国内国际经济循环的畅通为生产性投资创造了条件，国内投资创新激发了生产性投资活力，释放了投资需求。可以看出，通过供给端投资创新和需求端的消费升级，为数字经济驱动我国现代流通业变革提供了新的供需空间。

第三，营商环境优化为数字经济驱动我国现代流通业变革提供新的基础保障。我国作为全球营商环境优化提升最大的十大经济体之一，已经为流通业的创新发展营造了良好的发展环境。双循环新发展格局国家战略进

一步促进了数据资源的流动、市场准入条件的改善、体制机制的创新，推动了我国开放型经济贸易、数字贸易以及跨境贸易等的发展，为我国营商环境的进一步优化创造了条件。一是在数据资源的流动方面，跨境数据流动的同时，也促进商品、资本、人员等生产要素的自由流动，为我国流通业的发展提供了支撑。二是在市场准入条件的改善方面，通过外贸环境改善、增强境外投资等，为我国流通业发展提供了更加宽松的市场环境。三是在体制机制创新方面，在完善自助数字技术创新机制的基础上，强化外商投资激励机制，制定流通数字化转型发展政策，为我国流通业发展提供了政策环境。可以看出，营商环境的优化，为数字经济驱动我国现代流通业变革提供了新的基础保障。

（二）数字经济驱动现代流通业变革面临的挑战

在双循环新发展格局背景下，我国流通业还存在着数字技术缺乏阻碍流通循环、商业模式创新不足限制市场需求以及数字基础设施缺乏导致基础保障薄弱三个方面的问题，对数字经济驱动我国现代流通业变革提出了新的挑战。

第一，数字技术缺乏阻碍流通循环。中国流通业已成为全球流通链中重要的一环，但由于我国传统流通企业自主创新能力不足，流通业数字技术应用、数字技术架构能力相对于发达国家还存在很大差距，特别是在全球疫情常态化防控下，面对全球产业链分工协作网络冲击，我国流通业数字技术的应用还有待提升，在一定程度上阻碍了流通循环，对数字经济驱动我国现代流通业变革造成了一定的影响。

第二，商业模式创新不足限制市场需求。在数字经济背景下，消费市场需求发生了根本性的变化。我国流通业面临着如何利用数字技术，广泛地根据客户需求实现商业服务、商业业态、组织结构、管理体系等方面的创新，从而满足市场消费的需求。特别是常态化疫情防控下，我国的传统流通企业亟待实现流通运营的突破和流通模式的数字化转型。但是我国流通业目前缺乏复合型数字化转型人才，存在"数据孤岛"、数据安全等问题导致创新要素流通受阻，流通业商业模式创新不足，限制了数字经济驱动我国现代流通业变革的市场需求。

第三，数字基础设施缺乏导致基础保障薄弱。在数字经济背景下，数字基础设施建设主要包括数字产业基础设施与传统产业基础设施的数字化改造两个方面。目前我国数字基础设施发展较快,但是在数字化基础设施创新方面与发达国家还存在很大差距。特别是在流通业数字基础设施建设方面,我国流通业数字化基础设施发展较晚,传统基础设施的数字化改造受到资金、人才、体制机制等限制,我国数字基础设施还比较缺乏,导致数字经济驱动我国现代流通业变革的基础保障薄弱。

二、常态化疫情防控下数字经济驱动我国现代流通业变革

(一)常态化疫情防控下现代流通业的变革趋势

新冠疫情导致经济活动停滞,生产、消费、流通、金融等各环节受阻,产业链受到冲击,中小企业生存困难,居民消费降级,虽然给零售企业带来了挑战,但也带来了新的机遇。常态化疫情防控下,购物中心、超市、餐饮、老字号等流通企业均纷纷向数字化转型,并呈现出各自特有的态势。

1. 购物中心探索数字化运营

近年来,各类购物中心受电商快速发展的影响,线下实体商业增长乏力。然而,随着消费的升级,火爆的餐饮店、电影院、文娱商店等也持续为购物中心带来新的流量,购物中心的销售情况不是极速衰退,而是呈现出滞涨或者缓慢下降态势。在面临突如其来的新冠疫情,许多购物中心由于数字化、信息化建设不足,缺乏相关经验和准备,无法开展业务在线管理和生产自救。与此同时,一些购物中心通过快速搭建体温检测设备(视频红外测温设备、体温监测安全门),采用协同办公系统、巡逻机器人、会员服务系统等数字化技术,快速复工复产,从激烈的同业竞争中脱颖而出,成为购物中心数字转型的标杆。在新冠疫情下,购物中心深刻认识到数字化转型、智能化管理的重要性,通过数字技术赋能购物中心,进行精准营销、精准服务。

构建智能化数字运营平台,提升业务管理效率。目前,大部分购物中心已经完成商品数字化进程,正在逐步向消费者数字化转型。它们通过基于商圈分析、动线管理、会员系统、产品营销、数据复盘等环节的大数据积累,加快研发符合自身购物中心的商户服务数字化平台。与此同时,购物中心加快完善数字化建设,如 Wi-Fi、智慧购物平台(微信及支付宝小程序、App

等）、智慧停车系统、智慧财务管理等软件，从顾客体验到日常运营管理，实现全程数字化。如天虹商场在行业内率先突破传统购物中心模式，联手腾讯打造智慧零售标杆，实现一个手机搞定购物全过程。天虹公司现已形成实体店、虹领巾 PC 端、移动端（天虹微信、天虹微品、虹领巾 App）的全渠道零售生活平台，实现从实体店走向线上线下融合的全渠道管理。

购物中心通过数字化系统建设，打通"人、货、场"全系统。新冠疫情期间，直播带货、社群营销、微商城、小程序等数字化营销成为实体商业逆势下的新亮点，助推购物中心加速数字化转型步伐。如万科半岛广场推出 IN 核购物直播间，中粮祥云小镇通过抖音带动购物中心流量，银泰百货推出"导购在家直播计划"等，均是在新冠疫情冲击下的产物，带动购物中心业绩增长和商户曝光。随着数字技术的快速发展，购物中心应用数据化和信息化手段搭建"人、货、场"系统。此外，还有一批购物中心通过对周边消费者和系统会员精准画像，适时推送购物中心内各品牌业态的服务场景和信息，形成互动，开展智慧营销、精准营销。

2. 超市和便利店探索"到家"新模式

在新冠疫情期间，全国很多超市和便利店积极探索打造全渠道营销运营平台，开展"到家"服务等模式在保障民生上发挥了极大作用，为全民在家抗疫提供了可能，也为稳定就业及促进消费等贡献了力量。

在新冠疫情期间，各大超市和便利店快速响应，积极发展到家模式。与此同时，一些超市通过数字化转型，为客户创造全方位多渠道的购买实现。客户可以通过手机下单，超市将产品快递到客户指定地点；也可以先通过手机下单，然后去实体店指定地方取货，避免接触。此外，客户也可以在去超市采买期间，取走提前订购的物品，组合搭配，满足各类客户的购物需求。如家乐福推出新版小程序，加码到家服务；超市发推出"超市发鲜到家"微店等，均动作频繁。又如，苏宁零售云推动社区超市数字化转型。苏宁零售云聚焦在城市社区超市，通过帮助数据化改造帮助社区超市实现升级，提升整体服务能力，打造了"邮局＋菜市场＋线上超市"的创新模式，在满足周边居民购物便利的同时，构建了中心＋分布式的网络模式，弥补了社区线下便利店数量和分布的局限性。通过模式创新，苏宁零售云社区超市满足了消费者对新鲜、健康的菜篮子需求，促使社区超市"到家服务"更加丰富，满足了社区居民一站式购物体验和便民需求。此外，苏宁还推出云货架工具，最大范围和广度地展示商品，改变了门店陈列商品的局限性，同时商品的展示形式也更加立体。再如，物美超市将旗下多点Dmall打造成为线上线下一体化全渠道零售平台。在新冠疫情期间，多点通过实时监控防疫及民生商品的价格与库存，及时引导协助全国合作伙伴保供应，并搭建社区防疫提货站，推行"无接触"配送等，积极助力抗疫。多点的数字化操作系统"DmallOS"为传统商超提供全面数字化、线上线下一体化的解决方案，实现人人在线、物物在线、事事在线，该系统囊括了会员、商品、供应链、员工、服务、营销、管理商超涉及的方方面面，全面提升商家运营管理效率、改善用户体验。便利蜂便利店坚持通过数字化技术手段提升自动化经营和智能化决策水平。

3. 餐饮企业打造全流程数字化体系

突如其来的新冠疫情加速了社会变革的进程，在这个过程中，餐饮行业受到较大的影响。因为疫情，消费者的餐饮习惯被重构。一方面，消费者为了安全，在新冠疫情后选择餐馆堂食的客户明显变少。另一方面，由于全民在家抗疫期间，许多家庭学会了更多的做饭技巧，甚至口味发生变化，更多家庭更偏爱在家用餐。与此同时，由于受新冠疫情的影响，餐饮堂食骤停或者限流，外卖一度成为餐饮业的救火军。此外，餐饮采购也被重构，大部分菜市场面临全面清空消毒，餐饮店采购只能通过超市和网上采买实现。新冠疫情下的餐饮行业面临从采购、运输、储存、制作、销售到管理等全流程数字化升级改造的问题。

为应对新冠疫情，许多餐饮零售商将食材采购渠道从线下转移到线上，通过源头直采蔬菜，并经过供应链系统运输到厨房，这样不仅可减少人员接触，也可方便溯源管理，为餐饮采购拓展了新空间。在新冠疫情暴发前，许多餐饮企业探索通过与供应链平台合作，解决采购问题，新冠疫情促使这种向上采购模式更加普及。如在新冠疫情期间，餐饮连锁企业"骨气鼓气"与美菜供应链合作全品类菜品采购；小米食堂、中国银行北京分行相关机构主要通过采用线上采购渠道解决食堂供应需求。餐饮供应链服务平台，正逐步成为餐饮人的线上"菜篮子"。

在餐饮的营销和销售端，数字化转型也成为必要。在新冠疫情期间，外卖、新营销等手段从以前的锦上添花一举变成餐饮企业"救命稻草"的主要手段，正成为餐饮行业的"新基建"。如旺顺阁制售真空包装的胖头鱼肉以及相应的酸菜和酱料，眉州东坡建立了线上的"眉州菜站"，龙人居、眉州东坡与顺丰等物流集团合作，网红太二酸菜及不太关心外卖的茶颜悦色等新型餐饮平台也开启外卖进程。餐饮企业在新冠疫情期间创立了自有的外卖渠道，并通过社群等方式向自有渠道进行引流。

4. 老字号零售企业开启直播带货等模式

老字号不仅是我国传统文化的重要符号，也是零售商业的重要代表。虽然受新冠疫情影响，但数字经济快速发展，国潮国货等新兴文化快速崛起，对正在寻求转变的老字号企业仍是一个创新转变的重要机遇。

老字号不仅在中国历史长河中闪现重要光亮，在当前新业态、新模式频现的商业竞争环境中，老字号企业应该积极面对，通过数字化手段实现转型，扭转其文化品牌不断被蚕食，甚至被淘汰的境地。受突如其来的新冠疫情影响，传统产业遭受极大的冲击，一些老字号企业也受到较大影响。但是，数字经济快速发展，国潮国货等新兴文化快速崛起，对正在寻求转变老字号的企业是一个创新转变的重要机遇。

电商快速发展给予了老字号新的销售商机，老字号借助电商破除了区域局限性，提振了产品销量。在新冠疫情影响下，大部分老字号线下店铺客流急剧下降，而线上直播带货却较为火爆。2020年4月，京东开通北京非遗老字号直播渠道——"京城非遗装点美好生活"在线宣传展销，东来顺、内联升、荣宝斋等13家非遗老字号参与了这场为期三个月的直播带货活动。而吴裕泰、百花蜂蜜、同仁堂和义利等老字号则纷纷入驻淘宝直播间进行直播带货。老字号企业通过直播带货不仅拓宽了销售渠道，进一步了解了消费者的需求，也在探索数字化转型过程中实现了业绩增长和品牌的推广。

随着数字经济的快速发展，老字号企业打造的观光工厂及相应的体验工坊正成为文化消费热点，与国潮国货等兴起品牌互动。这些文化消费热点主要包括线下场景，融合观光、休闲、科普、购物等。线下场景通过场景打造，促使消费者从购买老字号产品变为体验老字号传统文化，通过特色空间塑造、互动体验植入、实体空间功能，让老字号的匠心精神在消费者亲身体验中得以有效传播。

（二）常态化疫情防控下现代流通业的变革路径

常态化疫情防控下，现代流通业加快以品质为中心的优化供给，以数字化技术为中心满足新体验，零售业态和服务业态深度融合，持续加速向社区商业中心下沉。

1. 加快以品质为中心的优化供给

此次新冠疫情深刻改变了人们的消费需求，从主观上来看，消费者对零售品牌提供的商品和服务品质需求将较以往更高。从客观上看，疫情的蔓延给全球供应链造成了冲击，国际商品供给水平有所下降，消费者迫切希望国内市场出现更多的"国货之光""民族之光"，以满足人们的消费升级需求。因此，在这一趋势下，高品质的零售品牌商品、品牌服务、品牌零售店等仍具有很强的竞争力。零售品牌企业应进一步提升供给水平，倡导优质优价，严格把关商品质量、丰富商品品类、改善购物环境、提高服务质量，以此促进我国消费品市场向品牌化、品质化方向稳步发展。

2. 以数字技术为中心满足新体验

为快速恢复经济、提振消费需求，我国加快了5G、物联网等新一代信息技术的基础设施建设，提升餐饮住宿、购物娱乐等商业设施智能化水平，促进线上线下更深更广融合。在这一背景下，零售品牌企业应顺势而为，积极利用物联网、云计算、5G、人工智能和大数据等现代信息技术创新出更多的新业态、新模式、新场景。一方面向消费者提供新颖的产品体验，以功能丰富、种类多样、设计时尚、绿色智能的新产品，满足消费者的新需求，刺激和带动消费的增长。另一方面充分利用信息技术手段尽可能地去塑造、挖掘新的消费场景和模式，以满足消费者多元化、个性化的消费体验。

3. 零售业态和服务业态深度融合

从长远来看，居民服务性消费占据消费主导地位的大趋势不会逆转，服务性消费不仅能满足人们的精神需求，也能够与商品消费有机融合，通过优质的服务来向消费者传递丰富的品质内涵。因此，在实物零售品牌市场增长幅度趋缓、居民服务性消费比重持续上升的大趋势下，零售业应与餐饮、旅游、体育、文化、娱乐、健康和养老等产业融合，推动实体零售场景与服务业态形成优势互补，有效带动客流增长，在满足服务性消费需求的同时促进相关商品的销售。零售业还可以通过积极举办多种形式的服务性活动，如与文化、体育、旅游、公益等结合的活动，促进相关商品销售，增加收入。

4. 持续加速向社区商业中心下沉

与餐饮、旅游、百货及购物中心等商业模式相比，超市、菜店、生鲜外卖等社区零售品牌业态受此次新冠疫情的影响相对较小，体现出更加稳健、更具可持续性的增长力。随着老龄化社会的到来，我国居民对便利、安全、健康的要求将越来越高，高性价比、有温度的社区消费将给家庭带来温馨、自然的幸福感和满足感。因此，以提供日常生活用品和贴近生活服务为主的社区生鲜超市、社区菜店、便利店等社区商业业态表现出独有的竞争力，正在逐渐成为拉动消费的亮点。未来，社区商业应转变"千店一面"的经营方式，根据社区的人口结构、社区消费者年龄以及他们的需求特点灵活地调整零售品牌结构，充分地将文化元素、人文情怀、服务项目融入社区商业，为社区居民带来个性化、差异化的消费感受。

第三节　数字经济驱动我国现代流通业变革的微观现实特征

在数字经济背景下，我国流通业数字化显著增长，流通效率不断提升。下面将从现状特征与存在的主要问题两个方面剖析数字经济驱动我国现代流通业变革的微观现实特征。数字经济驱动我国现代流通业变革的同时，在数据管理、数字交易、数字营销、数字仓储四个方面存在一定的问题。

一、数字经济驱动我国现代流通业变革的现状特征

数字经济驱动我国现代流通业变革主要呈现出以数字技术为中心满足消费新体验、数字赋能线上线下融合发展、数字驱动流通数据业务化发展、数字经济驱动营销模式创新发展四大现状特征。

第一，以数字技术为中心满足消费新体验。流通业态变革总是与技术发展息息相关，技术推动流通业支付方式、获客方式、经营方式等创新变革。近年来，在数字技术的快速发展和广泛应用下，我国居民消费的数字化习惯正在逐步形成，而我国各年龄段的消费群体对数字化体验场景的需求不断增加。2020 年新冠疫情暴发，流通企业面临前所未有的冲击和挑战，流通企业加速向"以消费者为中心"的数字化转型进程，流通企业利用数字

技术拓展了流通企业的销售渠道，赋能流通企业业务增长，数字化全面赋能流通效率提升。如大数据可以应用于从客户精准营销到餐厅新店选址方面，人工智能让机器人和 AI 系统给顾客带来更好的消费体验，物联网技术赋能企业精简供应链降低成本，提高了流通效率。

第二，数字赋能线上线下融合发展。在传统流通模式下，流通渠道市场信息不对称，增加了流通时间和流通成本，导致流通效率一直不高。随着数字经济的快速发展，基于大数据、云计算、互联网、5G 等数字技术，极大地削弱了信息不对称性，打破了流通过程中企业上下游的边界。线上流通企业依托自身的数据资源和技术优势，与线下传统流通企业的消费场景提供优势形成互补结合，线上线下形成优势互补的平等合作的关系，共同打造线上线下一体流通生态体系，通过数字化持续赋能流通企业线下线上融合一体化发展，充分发挥自身业务特征和技术优势。传统流通企业进一步拓展发展新空间，线下渠道向线上发展，纷纷开始自建电商平台、入驻第三方平台等线上渠道。线上流通企业积极向线下空间拓展，通过开设线下体验店与实体零售合作等方式，以此来寻找新的利润来源，从而驱动现代流通业变革。

第三，数字驱动流通数据业务化发展。在数字经济发展初期，流通企业发展得更多的是业务层面的数据化，主要是通过信息技术改变企业的传统业务和管理模式。随着数字技术创新应用的不断发展，数据积累的价值显现，流通企业积极发挥大数据平台作用，通过搭建大数据平台对接线上及线下产生的数据形成大数据体系，充分整合全国乃至国际资源，重构整个供应链体系，挖掘新的业务增长点，实现数据业务化，充分挖掘提升各个环节的效率，进一步拓展价值增长空间，形成完整的流通场景闭环，创造了新的价值共享空间，实现了流通价值重构，进一步驱动现代流通业变革。

第四，数字经济驱动营销模式创新发展。随着数字经济的高速发展，社会主流消费群体呈现出社群化、专属化、实时化的发展特征，数字经济驱动营销模式创新发展，出现了基于社交网络的口碑营销、大数据驱动的精准营销、全渠道下的体验营销等数字营销形式。一是基于社会网络的口碑营销比传统的营销方式具有更好的互动和反馈。二是基于大数据驱动的精准营销是未来营销的新趋势，通过云计算、大数据挖掘等现代信息技术手段，对消费者行为与特征分析、消费者分级管理支持、市场预测与决策支持，实现精准营销信息推送支撑，引导产品及营销活动投放，实现对消费者的个性化精准营销。三是全渠道下的体验营销，通过各种新技术、新手段、新方式，将体验化与数字化结合起来，产生了数字化的体验消费。如梅西百货本地化、线上线下资源整合以及服务品质"三位一体"的策略。英国最成功的电商 Argos 采取"线下目录销售 + B2C + O2O"的营销模式，打造虚实相加、服务突破的消费体验。

二、数字经济驱动我国现代流通业变革存在的问题

数字经济在驱动我国现代流通业变革的同时，在数据管理、数字交易、数字营销、数字仓储四个方面存在一定的问题。

第一，在数据管理方面。在数字经济背景下，数据是具有重要商业价值、研究价值，以及对消费者市场做出正确战略决策的关键要素，但是海量数据集聚的同时缺乏数据开放制度、数据权利归属制度、数据交易规则、数据安全与隐私保护规则、数据缺乏监管等，导致隐私泄漏等问题频发，阻碍数字经济驱动我国现代流通业变革。

第二，在数字交易方面。数字交易虽然在一定程度上降低了交易成本，但是数字交易相关法律制度还不健全、监管机构还不明确等，导致的信息不对称、数字鸿沟、野蛮生长、行业垄断、恶性竞争、违约风险、变现风险、平台风险、安全管理等问题，缺乏完善的数字金融工具导致数字交易的优势还不能充分发挥，对数字经济驱动我国现代流通业变革造成了一定的影响。

第三，在数字营销方面。各种数字媒体采用数字化手段缺乏职业道德，出现了操作陷阱、算法设局、消费欺诈与虚假宣传等侵害消费者权益的问题，导致大量非理性消费，造成了妨碍用户创新与成长的"信息茧房"。处于垄断地位的平台企业利用大数据分析和智能算法技术，预测消费者需求，进行商品和价格的个性化定制，从而攫取更多消费者剩余，即"大数据杀熟"行为。目前消费者普遍反感平台企业的"大数据杀熟"行为，但还无法采取有效措施制止，政府监管部门也在着力解决这些平台的垄断问题以及"大数据杀熟"行为的整治问题。

第四，在数字仓储方面。近年来，我国互联网巨头包括京东、阿里等为中国的仓储智能化发展探索了一条新路径，正在向仓储智能化发展。但是，从全国总体发展情况来看，我国仓储行业的智能化发展水平依旧处于

低位。物联云仓数据显示，截至 2020 年，我国高标准的数字化仓储设施占比不到 30%，中西部地区以及大宗商品的智能化水平较低，仓储智能化水平还有待进一步提高。我国高标仓的需求缺口已经超过 1 亿平方米，而随着日益增长的电商和冷链，这个缺口还在扩大，但我国主要以传统仓储为主，立体库占比近 30%，而高标准仓库占比只有 5% ~ 10%，我国高标仓还有较大的市场拓展空间。

第四节　数字经济驱动我国现代流通业变革的国际经验借鉴

近年来，美国、日本、韩国及东南亚地区纷纷发挥数字经济新优势，驱动我国现代流通业变革。具体而言，美国通过技术催生流通业数字化、日本流通业注重服务体验化极致、韩国加强流通业数字化设施建设、东南亚流通业模仿创新自成生态。

一、美国通过技术催生流通业数字化

流通业是美国最大的产业，拥有最多的企业和最多的就业人口。近年来，随着人工智能、5G 及物联网等技术的快速发展，美国流通业也加速转型，如零售巨头沃尔玛通过技术推动形成新的发展业态，收并购电商及技术企业，拓展市场空间。美国具有良好的创新创业生态体系，在流通业数字化变革进程中，中小型流通企业通过技术助推全美流通业转型发展。如 Salesforce 以企业客户关系管理（CRM）软件而闻名。Salesforce 所有零售产品的共同点是努力在所有商业点（包括移动、网络、社交和商店）中构建个性化和互联的消费者体验。Salesforce 最新的零售更新通过与 Instagram、人工智能的集成以及与商务和营销云的连接，专注于购物期间的营销。Salesforce 的零售和消费品行业解决方案高级副总裁谢莉·布兰斯滕（Shelley Bransten）表示，其目标是利用技术帮助品牌跟上消费者的需求，并真正了解消费者的个人需求。而电子商务平台提供商 Shopify，通过技术手段促使商家、企业家和零售品牌能够在线和现实生活中销售他们的商品。其商业技术包括客户体验个性化、品牌发现、游戏化、社交商

务等。该公司围绕小型企业部门建立了自己的地位，同时，也提供迎合中型市场和大型企业零售商的服务。"投资于合适的数字和实体房地产可以带来高速，三位数的增长，因为消费者渴望身临其境地在线和现实生活体验。"Shopify 副总裁兼总经理罗伦·帕德尔福德（Loren Padelford）说。"社交渠道和市场继续推动消费者，而消费者则推动品牌在他们想要的时间和地点创造独特的体验。"再如，托管电子商务平台提供商 Big Commerce，提供的服务可帮助零售商创建、管理和发展在线商店。2022 年，其平台为 120 个国家的约 6 万家商户提供服务，包括柯达、夏普和 Skullcandy 等企业。根据 Big Commerce 首席执行官布兰特·贝尔姆（Brent Bellm）的说法，软件即服务（SaaS）平台为零售商提供了技术简单性、更快的上市时间和成本效益，这些都是他们发展业务所需的。零售商协调数字化转型困难的地方之一是基础技术投资、运营和维护，Bellm 所提的解决方案在于 SaaS。借助 SaaS 平台，企业无须拥有运营软件或 IT 基础架构，就可以获得持续的性能增强和功能更新，作为软件包的一部分。再如，客户数据科学公司 Dunnhumby，旨在帮助其他垂直行业的零售商，品牌和企业在竞争日益激烈的数据驱动型经济中展开竞争。对于零售商和供应商，Dunnhumby 提供一整套咨询，软件和技术服务，旨在支持向数据分析和智能领域的过渡。其客户名单包括 Tesco、Coca-Cola、Meijer、Procter & Gamble、Raley's 和 L'Oreal 等品牌。市场对创新数据解决方案的需求超越了财富 1000 强，Dunnhumby 首席执行官 Guillaume Bacuvier 说，对于流通业来说尤其如此。这是世界上最棘手的行业，但现实情况是，客户数据精明和能力是当今任何面向消费者的企业的必需品。

二、日本流通业注重服务体验化极致

日本流通业加快推动数字化转型，重点应用场景为 EC、视频直播、虚拟商店、虚拟化妆程序、利用智能手机的肌肤诊断等各种非接触举措。如资生堂主打品牌"SHISEIDO"与伊势丹的电商平台"meeco"合作，开展视频直播，探索直播零售。

另外，在 2020 年 7 月 31 日开业的品牌首家旗舰店，资生堂引进了大量的非接触业务，例如，取消在二楼提供的美容顾问（美容成员）补妆服务和授课形式的咨询销售，利用 VR（虚拟现实）技术在线上重现旗舰店的虚拟商店。这些业务都是为了应对新冠疫情而准备的，流通业巨头资生堂已经正式开始加强数字化转型运用。这么做虽然是为了满足消费者对于放心、安全的要求，但原因也在于外出减少导致智能手机的使用时间延长、从 SNS 上零售信息的女性较以往有所增加。此外，通过电商平台购买零售产品的体验者也骤然增加。

疫情虽然阻碍了广大海外游客访日，但他们对来自日本本土的高品质商品的需求依然高涨。鉴于此，日本大型免税零售企业 Laox 从"综合免税店"转型成为"汇集日本好物、海外好物，能给顾客带来购物乐趣的地方"，Laox 通过在苏宁易购平台上的 Laox 日本购专属频道，将店铺内的各类商品，以跨境海外仓形式，跨境直邮到每一位中国消费者手里。Laox 还不断丰富跨境直邮的商品，特别是美妆和洗护类产品，并和日本各大品牌方协商，通力合作，新品中日两地同期发布。

三、韩国加强流通业数字化设施建设

目前韩国主要的无人便利店运营商有两家，分别是新世界百货经营的 4 家 Emart24 便利店和乐天集团在乐天世界塔开设的 7-11Signature 便利店。进入 Emart24 便利店，顾客需要使用他们的信用卡进行身份识别；而对于 7-11Signature 便利店，顾客需要将个人静脉信息与乐天会员卡进行绑定，以使用手刷支付。

近年来，越来越多韩国本土零售商利用数字化技术为顾客提供更好的购物体验。如乐天集团在首尔芦原店的食品卖场中推出"智能购物"服务。这项服务取代了实体购物车，顾客只要拿着店内提供的手持式条形码扫描器，扫描产品的条形码，就能将其放进"电子购物车"；然后拿着条形码扫描器进行结算。成功付款后，顾客就可以享受当天送货上门的服务。而另一家大型零售商现代百货也推出了快速搜索服务"智能搜索"。通过该服务，顾客可以快速在现代百货的网上商城中找到他们想要的产品。智能搜索服务还可以分析顾客上传的产品照片中的设计、颜色和图案等元素，推荐类似的产品，节省高达 50% 的搜索时间。

四、东南亚地区流通业模仿创新自成生态

东南亚地区有许多"土生土长"的电商平台，其中 Shopee，Lazada 和

Tokopedia 占据了东南亚市场大部分的份额。它们的平台运营模式实际上与亚马逊类似,产品种类丰富,应有尽有,但作为"万物起源"的亚马逊在这片"黄金国"碰壁。亚马逊 2019 年开通新加坡站点,直到现在也没什么起色,而中国电商也很少出没在这个区域。国际大玩家的缺席并不影响东南亚地区零售电商领域的繁荣,2020 年东南亚在线销售总额突破 550 亿美元。

外媒相关统计数据显示,Shopee 是东南亚最大的电商平台,月访客量超过 1.98 亿次,而 Lazada 排名第二,月访客量达到 1.62 亿次,但两个平台的侧重和受众不一,印度尼西亚作为东南亚经济增速最快的国家,为 Shopee 贡献了 29% 的流量,而泰国和菲律宾才是 Lazada 的主场。

此外,在印度尼西亚诞生的 Tokopedia、Bukalapak 和 Blibli,三个平台月访客量的总和可以达到 1.15 亿次;而专攻越南市场的 Tiki 和 Sendo 月访客量分别是 2200 万次和 1149 万次,越南市场目前在东南亚六大经济体里体量最小,但增速最快。时装是东南亚最畅销的产品类目,占到销售总额的 27%。

2015 年,Sea 在新加坡创立 Shopee,最开始上线的是移动端 App,业务也比较单一,通过 C2C 模式快速扩张。Shopee 不仅体量大,上新的速度也领先同行,一经推出就登上东南亚地区最受欢迎电商排行榜前列,且已经成为中国台湾地区最受欢迎的平台,巴西也有 Shopee 的身影。2019 年,Shopee 平台的成交量达到 12 亿美元,总零售额 176 亿美元,同比增长 71%。Shopee 上的 Shopee Mall 专注于"高阶玩家",只有品牌商或经销许可的卖家才能入驻,2022 年有超过 5000 家官方旗舰店,兼采本土和国际品牌。Shopee Mall 的卖家必须支持 15 天内无条件退货,必须使用 Shopee 指定的物流提供免费配送服务,Shopee 抽取的佣金在 2% ~ 5%。Shopee 也绞尽脑汁地让消费者花钱,如"双 11""双 12""Super Brand Days"等,隔三岔五就会有大促活动。另外,Shopee 的结算方式类似国内的淘宝,在消费者确认收货以前平台会以交易做担保的名义暂时托管该笔订单的交易金额。

Lazada 从 2012 年将"双 11"购物节带到东南亚,到 2020 年 Lazada "双 11"全量爆发,仅仅不过八个年头。八年时间,Lazada "双 11"成交额逐年上升的背后,更为重要的是东南亚数字经济基础设施的突飞猛进。

对潜力无限的东南亚市场而言，这是一个远比单纯的数字更打动人的故事。2020年"双11"，Lazada有超过4000万用户和40万个品牌和商家参与，实现1100万美元销售额仅用时100秒，多项数据刷新东南亚电商大促新纪录。东南亚的天猫——Lazada的品牌商城Laz Mall，用了不到半天时间就超上年全天成交额，有26个品牌当天的销售额超过100万美元，成为全球品牌赢取东南亚市场的一个重要入口。在东南亚方兴未艾的Lazada直播服务LazLive，仅在2020年11月11日当天浏览量就超过1100万次，交易总额同比增长380%。此外，Lazada2020年"双11"实现的最长的一次投递，从印尼亚齐到弗洛勒斯东部，长达5000公里；而中国跨境商家参与Lazada"双11"，来自深圳中心仓的首单从创建订单到从中心仓出库，仅用时2分钟。这一系列数字的背后，是Lazada如今高达8000万的活跃消费者，以及依托阿里巴巴全球化战略，所打造的完善的自有物流、支付及技术护城河，让东南亚原本陌生的一切成为可能。东南亚本土品牌和商家深度参与，已成为2020年'双11'的一大特点。数据显示，2020年"双11"在Lazada销售额超过1万美元的中小商户高达8000余家，相比上年翻了一倍。泰国本地潮牌Mitr的一款产品，在第一个小时内销售额就超过200万泰铢。首次参加"双11"的新加坡薯片品牌Irvins，当天销售超过平时的50余倍。"2022年Lazada"双11"的优异表现，很大程度反映出东南亚越来越多的消费者和商家开始转向线上交易；尤其是2022年疫情背景下，东南亚本土流通业的全面数字化趋势已大大加速。"Lazada集团首席执行官李纯对此表示。

数字经济驱动现代流通业变革的理论体系

基于前文从内涵与外延两个方面对现代流通业变革的界定，现代流通业变革的内涵主要体现在流通效率变革，具体体现为流通业全要素生产率的提高；现代流通变革的外延主要包含两个方面：一是现代流通业变革的动力机制与动力体系，二是现代流通业变革的演化能力与演化路径。因此，本章从数字经济驱动现代流通业变革的理论基础、效率提升效应、动力机制与演化能力四个方面创新性地构建数字经济驱动现代流通业变革的理论体系，为本书后面章节进一步实证分析数字经济驱动我国现代流通业变革，构建数字流通理论体系，探寻数字流通发展实践路径提供理论支撑。

　　具体而言：一是在数字经济驱动现代流通业变革的理论基础方面，从新供给与新需求、熊彼特创新理论实践、长尾理论的有效性、市场均衡的动态性四个方面探究数字经济驱动现代流通业变革的理论基础。二是在数字经济驱动现代流通业变革的效率提升效应方面，基于数字经济理论、流通经济理论，从精准配置效应、成本节约效应、规模经济效应、技术赋能效应探究数字经济驱动现代流通业变革的效率提升效应。三是在数字经济驱动现代流通业变革的动力机制方面，包括数字经济驱动现代流通业变革的内在推力机制和数字经济驱动现代流通业变革的外在拉力机制两个方面，内在推力机制是指流通业利用数字经济新优势，通过数字技术赋能和商业模式变革的内部创新驱动流通变革。外在拉力机制是指数字经济背景下，流通业的治理模式创新和基础保障支撑，为流通业提供可持续发展的动力保障。四是在数字经济驱动现代流通业变革的演化能力方面，从数字感知能力、数字整合能力、数字重构能力和数字共享能力四个维度探究数字经济驱动现代流通业变革的演化能力。

第一节　数字经济驱动现代流通业变革的理论基础

　　发展数字经济已成为我国和世界主要国家的重大战略选择，积极推动数字经济发展，发挥数字经济新优势促进流通业转型升级，是新时代推动流通高质量发展的现实路径。那么数字经济驱动现代流通业变革的理论基础是什么？下面从新供给与新需求、熊彼特创新理论实践、长尾理论的有效性、市场均衡的动态性四个方面探究数字经济驱动流通质量变革的理论基础。

一、数字经济背景下新供给与新需求

根据马克思主义的观点，新技术和新生产力是经济发展的原动力。供给和需求是市场经济的两个方面，也是经济学整个理论体系的出发点。以数据和新技术为代表的数字经济催生的新生产力和新供给通过社会消费新需求实现商品化和产业化，形成的新供给和新需求是驱动流通业发展的两大动力。从新需求来看，以数据、物联网、人工智能为代表的新一代信息与通信技术发展和消费者需求结构升级是流通业发展的基本经济技术基础，在数字经济基础设施的强有力支持下，海量的消费数据蕴藏着巨大的价值与潜力，通过对其进行深度挖掘分析，可以精准预判新的消费需求，为新产品提供日益扩大的市场，从而获取新的社会经济价值。从新供给来看，在数字经济背景下，数据成为与土地、劳动力、资本、技术并列的生产要素，是驱动经济增长的关键要素。新产品的生产由土地、劳动和资本投入驱动向以数据、信息技术驱动转变，人工智能产品的生产更需要数据和技术等无形资本的投入，新技术使新产品朝着数字化、个性化、多样化、智能化、体验化方向发展，完成从产业化再到商品化的两次"惊险跳跃"，生产出更好的产品和提供更好的服务，实现供给创造和满足新需求的目的。

二、数字经济背景下熊彼特创新理论实践

根据熊彼特创新理论，创新就是要"建立一种新的生产函数"，实现对生产要素或生产条件的"新组合"。数字经济背景下，信息网络技术、互联网、大数据等在生产体系中的广泛应用，对生产要素、组织管理模式、消费者角色定位等都带来颠覆式影响，扁平式、分散式、分布式、模块化生产将成为未来重要的生产方式，流通业价值增值从过去单纯的增值环节（点）延展到由信息和技术两维度组合成的流通业价值增值区域（面），产生了新的规模经济。借助互联网平台，产业链上下游的物流、信息流、资金流等以数字化方式传递，提高流通效率、降低交易成本、改变成本结构。

流通产业链利用互联网平台根据消费者个性化需求，通过自主设计、研发、生产出新模式或新业态，温特式时代由流通产业链前端资本和技术等控制转向流通产业链后端消费者需求洞察，由传统专注于研究企业间分工协作转移和创造价值过程转向关注消费者潜在需求挖掘。消费者价值导向成为实现"熊彼特创新"的重要出发点。

三、数字经济背景下长尾理论的有效性

根据长尾理论，只要存储和流通渠道足够大，需求较大但品种较少的头部所占份额和需求较小但品种较多的尾部所占份额大体相当。数字经济降低了生产者和消费者的信息搜寻成本、选择成本和交易成本。互联网平台由于网站流量和维护费用远比传统商店成本低，且没有真正库存，可以进一步降低单品销售成本，扩大销售品类和销售数量。特别是对于虚拟产品，互联网企业销售的仓储和配送成本几乎为零，则可以把长尾理论发挥到极致，如 iTunes 音乐下载、网络游戏等。数字经济背景下，长尾理论的有效性得到进一步发挥。智能终端的普及使得内容生产普及、廉价的生产得以实现。互联网平台为小众个性化商品提供了销售市场，形成需求曲线上的一条"长尾"。互联网新媒体传播使消费和营销成本显著下降，使处于长尾的小众个性化商品的生产者获得更大回报，激发了小众个性化商品的长尾市场活力。互联网信息平台把小众个性化长尾产品的无限需求迅速连接起来，使得需求曲线向尾部移动。数字经济还会在消费端带来长尾效应，通过网络社交非主流消费圈层得以生存和发展。同时，现代物流发展使个性小众产品可以保持长尾端销售，对生产端来说可以扩展利润源，对于消费端来说可以保持消费的丰富性和活跃性。

四、数字经济背景下市场均衡的动态性

根据市场均衡理论，厂商均衡理论采用利润最大化原则，当达到边际收益等于边际成本的均衡状态时，厂商将不会调整产量；消费者均衡理论采用效应最大化原则，当边际效用之比等于它们的价格之比时，达到总效用最大，消费者将不再改变其各种商品消费数量。以上均衡分析强调的都是静态均衡的条件和结果，实际上均衡是一个生产者和消费者根据生产与消费的效果进行动态调整的过程。数字经济为进行实质动态均衡分析提供

了条件。数字经济使得企业能够更加主动地适应市场机制，实时报价、成交和调整产量，从而缩短均衡时间，降低均衡过程中耗费的成本。在报价环节，能把价格变动信息实时传递，市场活动参与者能够随时获得最新的价格信息。在成交环节，在电商平台上，卖家可以随时调整商品价格，买家能够方便地进行价格比较，在线讨价还价，快速成交。在产能调整环节，通过新连接，厂商可以实现订单式生产，即根据订单数量来调整产能，从而减少甚至消除库存，真正实现市场均衡；并且厂商会把产能调整信息及时与原材料供应商及合作伙伴高度共享，实现整个供应链的快速调整。事实上，从企业获得市场价格到调整产能，整个调整周期的长度对于企业盈利非常重要。如果企业能够实时根据价格和市场情况调整产量，按照均衡理论，动态均衡下的盈利将远远大于静态均衡下的企业盈利，生产商和消费者之间通过良性动态循环产生正反馈效应，将进一步降低供需成本，提高效益，实现交易双方的帕累托改进。

第二节　数字经济驱动现代流通业变革的效率提升效应

效率提升是效率变革的关键之所在。全要素生产率是体现经济增长中技术进步作用的国际通用指标（陈向武，2019）。效率变革是指依赖全要素生产率提升实现经济系统中整体产出的增加，在宏观上主要包括生产要素配置效率提升和产业生产率提升，在微观上遵循全要素生产率分解的理论框架，是指企业的纯技术效率、规模效率和技术进步的提高（茹少峰等，2018）。数字经济提升全要素生产率（郭吉涛和梁爽，2021；孙才志和宋现芳，2021；万晓榆和罗焱卿，2022）。基于前文中参考李晓慧（2019）、王晓东等（2020）对流通效率的界定，认为流通效率主要取决于流通业投入与流通业产出，用流通业全要素生产率来表示流通效率，具体分解为纯技术效率、规模效率和技术进步三个方面。流通效率变革的核心体现在以技术创新为核心驱动力，通过流通效率提升，实现流通业整体产出增加，具体体现为流通业全要素生产率的提高。数字经济对全要素生产率具有创新驱动效应（Pan at al.，2022）。因此，本节基于数字经济理论、流通经济理论，从精准配置效应、成本节约效应、规模经济效应、技术赋能效应探究数字经济驱动现代流通业变革的效率提升效应。具体如图5-1所示。

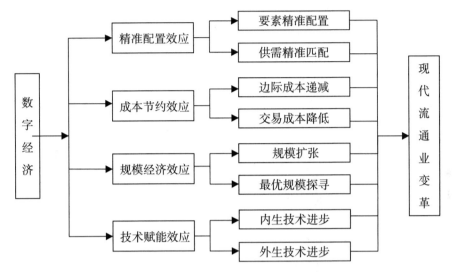

图5-1 数字经济驱动现代流通业变革的效率提升效应

资料来源：作者整理。

一、精准配置效应

数字经济通过要素精准配置和供需精准配置两个方面，产生精准配置效应，从而驱动流通效率提升。

（一）要素精准配置

数字经济是以数据为生产要素、以数字平台为组织形式、以数字技术为手段的资源配置优化的新形态。互联网、云计算、大数据等数字技术可以实现对流通业海量数据的挖掘分析，降低信息资源匹配成本，改善劳动要素和生产资源的配置效率，实现"数量—种类—价格"的多元动态均衡，改善金融市场错配和技术市场错配，最终实现要素供需精准匹配，优化要素配置。数字经济的网络化特征，促进了各类要素资源的流动，通过为各类要素资源创造、集聚、转移和应用创造便利条件，带来要素资源的精准配置和优化组合，降低了物质资源、信息资源、资金资源等成本，促进各类要素资源快速地配置到效率最高的地方，提高要素资源的配置效率。数字平台使得大量数据得以沉淀，为大数据挖掘提供了基础条件，成为驱动市场高效资源配置的核心要素。

（二）供需精准匹配

以数字技术为核心，以数字平台为载体的数字经济，连接供需两端用户，实时捕捉市场信号产生大量数据，将市场信息与消费信息准确、全面、及时地在供给端和需求端传递，形成物流、信息流、资金流和价值流之间的高效闭合循环，从供给端和需求端两个层面促进流通业资源的精准配置。

一是供给端。数字经济改变市场要素供给结构，在精准配置资源方面具有独特的优势（许恒等，2020；李慧泉和简兆权，2022）。数据资源蕴含着供需双方信息，依托大数据等数字技术，可以精准挖掘消费需求，前瞻性地引导产品研发、设计，提供智能化的生产工序，实现定制化柔性生产，在很大程度上规避了传统生产的盲目性，实现流通业全产业链数字化商业闭环，降低产业链流转过程中的价值消耗，减少供需不平衡式的资源浪费，帮助流通企业更高效地对接市场，将企业资源和市场资源进行合理的精准配置。数字经济改善传统生产供应环节，提升商品及信息流通、资源利用效率（朱建良和王廷才，2017）。数字技术对企业内部职能活动做出适应性调整，不断提高价值创造与供给效率（戚聿东和肖旭，2020）。

二是需求端。数字经济为消费数据的积累、挖掘分析等提供了支撑，消费者逐渐成为市场中心，消费需求导向逐渐成为主流的商业模式。数字化分析增强零售商和消费者之间的连接，通过数据挖掘可以更精准地获知、识别多元化消费需求，消除信息传递鸿沟，供需精准匹配。流通企业利用数据可视化分析和用户画像分析，直接、全面、高效地积累海量消费者需求信息，制定精准营销方案。流通业通过数字化的经营管理和"全渠道"的数字协同，能够有效地促进资源精准配置，从而提升企业的运营效率和周转效率。如利用互联网自媒体平台可以提升流通效率（黄宏斌等，2021）。

二、成本节约效应

我国传统流通业的成本革命借助外界力量进行"价格破坏"完成。数字经济对流通业的成本节约效应主要体现在边际成本递减和交易成本降低两大方面。

（一）边际成本递减

边际成本是指"产量增加一个单位时所增加的成本"。边际成本递减是指随着产量增加，所增加的成本将越来越小。数字经济背景下，数据成为最重要的生产要素，生产者和消费者需要支付的成本主要是数据和信息。网络效应、双边市场效应的存在，产生大量的数据和信息，对于生产者和消费者来说，边际成本是递减甚至趋于零的，对应任何一个价格，产量都是其最大生产能力。因此，数字经济的供给曲线是一条远离原点、与横轴垂直相交的直线。随着土地、人力等成本的提高，我国传统流通业中各种生产要素价格较高，流通环节过多，流通效率不高。而现在流通业依托数字技术，通过大数据挖掘和精准信息匹配，实现流通边际成本递减效应，促进流通业总成本下降。如虚拟商圈拓展新市场、精准的客户服务管理、多渠道管理理念和管理方式的引入，能够降低管理成本、提高忠诚度（黄漫宇和李圆颖，2017）。

（二）交易成本降低

交易成本是指"通过价格机制组织生产中所有发现相对价格的成本"。数字经济时代，数字经济通过降低流通业信息搜寻成本、产业链协同成本、信息沟通成本、投融资成本、经营管理成本，使流通交易成本降低。

一是降低流通业信息搜寻成本。流通企业通过数字化平台能够高效地获得原料信息、产品信息、物流信息、需求信息、价格信息等，大数据帮助流通企业精准挖掘信息，降低信息搜寻成本。

二是降低流通产业链协同成本。数字经济运用数字技术改变传统流通业的产品研发、生产制造、组织管理等环节，为流通组织运行和产业链协同节约了大量成本，提供了完善的服务。

三是降低流通业信息沟通成本。依托数字技术流通业实现了全天候、零时差、零距离的数字化沟通，极大地促进了流通业信息沟通的时效性、精准性、便捷性，降低了流通企业谈判、签约、监督等信息沟通成本。

四是降低流通业投融资成本。流通业依托数字技术创新发展数字化金融，实现众筹等数字化投融资方式，为流通企业提供了快捷、低成本的融资渠道。

五是降低流通业经营管理成本。数字经济可以为流通业提供更加便捷和高效的管理工具及经营环境，打造更为精准的营销和消费服务，为流通业资源整合提供了契机。通过数字技术整合资源能够更大程度地实现资源共享和协同，提高流通企业的效率。

三、规模经济效应

数字经济通过促进流通业规模扩张和提升最优规模探寻效率两个方面，产生规模经济效应，促进流通效率提升（陈剑等，2020）。

（一）数字经济促进流通业规模扩张

数字经济可以通过扩大流通业生产规模和市场规模，促进流通业规模扩张。

一是生产规模。流通业的规模扩张由消费驱动、生产驱动、产业集聚、产业融合等驱动因素决定。传统流通业由于受制于门店租金、基础设施、地理环境等，伴随着企业规模的扩大，边际成本将不断增加。数字经济背景下，数字平台和数字技术具有网络外部性、共享、免费的特征，网民数量的不断增加可以降低企业的固定成本，具有刺激消费、促进生产、推动产业内整合和产业间融合的特性，有助于扩大流通业生产规模。

二是市场规模。传统范围经济是在不同产品相关性节约总成本基础上实现的范围经济。传统流通企业的市场空间由于受到线下时空限制，大部分只能发展成区域型企业。网络效应下需求行为不断增强，成为市场规模扩张的主要力量（冯永晟和张昊，2021）。数字经济背景下，数字平台和数字技术促进了信息搜索与数据分析能力提升，将传统范围经济中关联度低的产品建立了联系，为流通业内的整合和产业间的交流、融合创造条件，从而使流通业不断接收更广阔的创新资源和市场资源，从而有利于市场规模的扩张。数字化的内容呈现和营销手段让消费者可以轻松接触到更为多元和丰富的产品与服务信息，从而刺激相关消费以及激活长尾市场。

（二）数字经济提升最优规模探寻效率

数字经济背景下，流通企业依托数字技术通过实现最优的生产决策和商业模式，帮助流通业建立更加灵活、贴切的规模适应机制，即维持最优规模而不至于盲目扩张，从而提升规模探寻效率。

一是最优生产决策。在数字经济驱动现代流通业变革的过程中，数据越来越成为一种关键资源参与生产决策。依托数据这种关键性生产要素，可以实现从传统规模经济向适度规模定制模式转变。通过大数据等信息分析系统对市场讯息进行实时监测以及灵活调整生产决策，就是数字经济赋予的维持最优规模的手段之一。

二是最优商业模式。数字经济背景下，计算力提升、信息数字化、连通性增强对传统商业模式产生较大冲击。流通业通过数字技术能够产生规模经济、范围经济、长尾效应，赋予流通业最优的商业模式和新型业态，促使流通业发展演变过程中进行自发性的调节，从而维持最优规模的动态平衡（荆文君和孙宝文，2019）。

四、技术赋能效应

技术进步是提高全要素生产率的关键（万晓榆和罗焱卿，2022）。数字经济影响技术效率（张焱，2021），推动了技术效率的提升（郭吉涛和梁爽，2021），促进技术进步（刘家旗和茹少峰，2022）。数字经济背景下，基于数据驱动，运用数字技术开展价值创造和传递活动，实现研发创新，融合了熊彼特创造性破坏与积累，开辟业务增量空间，获取产品延伸与增值。因此，本部分认为数字经济的技术赋能效应体现在通过内生技术要素和外生技术要素两个方面共同促进流通业的技术进步。

（一）数字技术作为内生技术要素促进流通业技术进步

数字技术是以数据为要素，为经济社会变革提供创新条件和赋能手段。大数据、人工智能等数字技术具有信息整合、信息融通、大体量运算等优势，具有替代生产中劳动投入的基本功能。

一是数字层。数字层主要由数据构成，是数字技术的基础。通过在对大数据资源存储、整理、分析的基础上，运用数字技术进行深入挖掘，可以提前感知消费者需求，实现数字化知识赋能，促进流通业技术进步和效率提升。

二是平台层。平台层是数字技术的重要载体。依托数字技术可以为流通业提供信息交互的网络平台，促进信息融通，激发潜在的创新，拓宽市场边界，有利于实现流通业规模经济效应和范围经济效应，降低流通成本，提高流通效率。

三是应用层。依托人工智能、区块链、物联网等前沿的数字技术，提高流通效率，为消费者提供高效快捷的服务。布莱恩杰尔夫森等（Brynjolfsson et al.，2021）指出，在数字技术的推动下，2019—2020 年，私营非农企业生产率增长平均每年将超过 1.8%。因此，数字技术投入对流通业技术进步具有直接影响，成为流通业技术进步主要的动力和支柱。

（二）数字基础设施作为外生技术要素促进流通业技术进步

数字基础设施作为数字经济的基础保障支撑，从研发环境、制度环境、资本环境、社会环境等层面为流通业的技术进步提供良好的土壤，成为流通业技术进步可持续发展的长期驱动力。

一是研发环境。技术研发是产业创新发展的核心驱动力。数字经济为流通业的创新发展创造技术研发环境，传统流通业研发环节大多由流通企业内部研发，没有通过数据贯通精准对接消费者需求。数字经济背景下，流通企业通过云计算、大数据分析、物联网等数字化技术，社交媒体、视频直播等数字化平台直接与消费者进行实时双向交互精准把握消费者需求，前置性地引导生产研发方向；同时对流通过程中底层数据充分挖掘、分享和应用，使流通行业产生共振，挖掘流通环节大量数据信息的深度价值，全方位再造流通产业链流程。流通业新技术研发和应用效率提高，加速了流通业新技术共享合作，从而成为流通业技术进步的驱动因素。

二是制度环境。制度环境是产业创新发展的基础保障。数字经济为流通业管理、规划等提供大数据基础，利用大数据挖掘以便于政府、企业等定量地分析流通业现状与问题，为流通业的发展提供了制度环境。

三是资本环境。资本是产业创新发展的推动力。数字经济背景下，我国数字金融、数字货币的发展，为流通业数字基础设施建设提供资金支持，同时提高了流通业的融资效率。

四是社会环境。社会环境是产业创新发展的软实力。数字经济背景下，数字技术的应用为大众创业、万众创新等流通业发展所需的社会环境提供技术支撑，从而推动流通业可持续发展。

综上所述，数字经济驱动流通变革的效率提升效应包括精准配置效应、成本节约效应、规模经济效应、技术赋能效应。具体而言，数字经济从供给端和需求端两个层面促进流通业资源的精准配置，通过边际成本递减和交易成本降低产生成本节约效应，通过促进流通业规模扩张和提升最优规模探寻效率产生规模经济效应，通过内生技术要素和外生技术要素两个方面促进流通业技术进步产生技术赋能效应，从而共同促进流通效率提升。

第三节　数字经济驱动现代流通业变革的动力机制

基于前文数字经济驱动流通变革的理论基础与文献综述分析，数字经济在促进产业创新发展、驱动产业变革方面发挥了重要作用。推拉理论最早由英国学者莱温斯坦（Ravenstien）在 19 世纪末针对人口迁移提出，是研究人口流动与移民最重要的理论，用于人口流动与人口迁移决策。随着推拉理论的不断发展和完善，后来进一步广泛应用于产业方面，特别是产业迁移、产业创新等领域，成为产业创新发展的前沿理论之一。学术界主要形成了推拉系泊模型、内外因素互动推拉模型和推力、反拉力、拉力、反推力的双向推拉模型三大类理论分析框架。开放式创新理论最初是研究企业创新发展的理论，企业要通过内部创新和外部创新两种渠道共同推进创新，随着数字经济驱动企业组织模式由封闭式向开放式演变，开放式创新理论的应用逐渐从企业层面扩展到产业层面，成为产业创新发展的前沿理论之一。近年来，国内学者基于推拉理论提出产业数字化转型的动力机制是内在的推力和外在的拉力的共同作用（祝合良和王春娟，2021）。因此，本节根据推拉理论和开放式创新理论，借鉴产业数字化转型动力机制模型，对数字经济驱动现代流通业变革的动力机制进行系统的分析，认为内在推力和外在拉力共同推动流通业创新发展，驱动现代流通业变革。本节将从内在推力机制和外在拉力机制两个方面，进一步探究数字经济驱动现代流通业变革的动力机制，具体如图 5-2 所示。

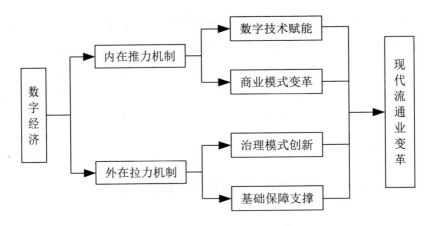

图 5-2　数字经济驱动现代流通业变革的动力机制

资料来源：作者整理。

一、数字经济驱动现代流通业变革的内在推力机制

内在推力是产业创新发展的核心驱动力。产业数字化转型的内在推力来自数字技术的赋能和商业模式的创新（祝合良和王春娟，2021）。因此，笔者认为数字经济驱动现代流通业变革的内在推力机制是指流通业利用数字经济新优势，通过数字技术赋能和商业模式变革的内部创新，驱动现代流通业变革。

第一，数字技术赋能。运用数字化新技术不断渗透到传统产业体系中，优化重构生产要素组合，催生出数字化生产要素，为规模化生产、个性化定制、网络化协同、生产服务型制造等提供基础支撑，已成为全球经济增长新动能（Acemoglu and Restrepo，2018）。大数据技术挖掘消费需求，构造消费者立体画像，满足消费个性化体验（Olofsson et al.，2017）。数字技术推动流通方式的重构与深度融合，变革传统流通业生产组织方式，推动流通业跨界融合、重构流通业组织竞争模式，优化行业资源配置，驱动供需变革，催生"定制 + 服务 + 网络协同"的新型化、智能化模式，创造流通业价值，驱动流通效率提升。大数据营销决策更加精准，能够创造沉浸式的消费环境，为消费者提供视频直播、社交媒体等多种消费方式，有效适应消费者不同的消费风格和偏好，满足新的消费需求，提高服务效率，提升消费者体验。可见，以大数据、云计算、物联网为核心的数字技术赋能流通变革。

第二，商业模式变革。商业模式变革是指数字化在生产、交换、流通和消费等多环节不断渗透与融合，生产和销售打通、前台与后台合二为一，多方面赋能产业发展，传统商业模式在数字经济的推动下不断创新，产生成本节约效应、规模经济效应、效率提升效应等。数字经济背景下，数字化网络平台实现流通业供需瞬时精准匹配，创造了新供需机制，催生新业态、新模式、新服务，从而创新传统产业价值链、产生消费需求的长尾效应，促进消费升级。数字经济与传统产业融合，从消费关系重构、供应链系统重构、消费场景重构三个方面共同驱动商业模式创新，通过整合、跨界、融合、重构，突破了传统的商业生态体系，形成全渠道、全流程、协同共享的流通生态圈，实现商业模式创新的生态化发展，形成流通供应链平台生态系统（Kimand Min，2015）。在数字化驱动下不断进行业态创新和模式重塑，共享经济、平台经济、社交电商等新业态实现跨界融合和叠加协同发展，主要表现为跨界融合发展的新零售、社交网络平台的直播带货、社交电商打造的社区服务模式等。一是新零售的数字化发展，它结合了线上下单、线下体验和物流配送体系，有效解决了消费者对商品和服务质量的不确定性。比如盒马鲜生打造超市＋餐饮＋上门配送模式，门店体验和自动化物流仓储设施，配送效率高，高度整合了线上线下资源。二是直播经济的数字化发展，它结合了近距离商品展示、实时购物指南、实时商品使用答疑等内容，在网络零售平台和众多社交平台发展壮大，给消费者带来了新的消费体验，为增加数字化消费新客群和激发下沉市场消费潜力拓宽了渠道。三是社交电商的数字化发展，近几年社交媒体越来越成为扩大流量的重要助力，微信公众号和小程序、微博、抖音、快手等逐步打造社区生活服务体系，覆盖衣食住行等各方面的商品和服务。

二、数字经济驱动现代流通业变革的外在拉力机制

外在拉力是产业发展的可持续发展动力。产业数字化转型的外在推力来自治理模式创新和基础保障支撑（祝合良和王春娟，2021）。因此，笔者认为数字经济驱动现代流通业变革的外在拉力机制是指数字经济背景下，流通业的治理模式创新和基础保障支撑，为流通业提供可持续发展的动力保障，不断地驱动现代流通业变革。

第一，治理模式创新。数字经济背景下，企业组织形态从封闭型向开

放型转变，企业业务流程向以消费者为中心的逆向整合生产要素转变，企业向以人为本的组织架构和分配机制转变，企业参与主体向创业小微主体转变。与此同时，数字经济降低了流通业准入门槛，导致流通业无限制发展。数据治理有利于建立数据开放制度、数据权利归属制度、数据交易规则、数据安全与隐私保护规则等，避免在数据管理、数字营销、数字鸿沟、隐私泄漏等方面出现问题。因此，在新的流通业发展模式下，建立新的治理模式可以促进流通业可持续发展。

第二，基础保障支撑。数字经济驱动流通变革离不开基础保障支撑，数字基础设施和数字经济新管理是数字经济驱动流通变革的基础保障支撑。一是数字基础设施。运用互联网、5G、大数据挖掘等数字化技术，促进流通业技术改造，优化流通业业务流程，进行流通业设备更新，构建高质量的数字基础设施，提升流通基础设施水平，可以弥合不同产业、地区间的数字鸿沟，带来全新的业态创新布局、商业模式重塑，支撑流通产业发展。二是数字经济新管理。适应当前数字化发展的新的管理理念和交易规则制定，通过数字化战略、数字化思维理念，制定数字化规则，形成完备的技术伦理制度，形成数字经济新管理，进行隐私保护管理，可以避免出现隐私问题、安全伦理问题、公平问题等，可以促进市场规范和监管制度不断地改进和完善，进而为流通业创新发展奠定坚实的基础保障，从而驱动流通变革。

综上所述，数字经济驱动现代流通业变革的动力机制包括数字经济驱动现代流通业变革的内在推力机制和外在拉力机制两个方面。数字经济驱动现代流通业变革的内在推力机制是指流通业利用数字经济新优势，通过数字技术赋能和商业模式变革的内部创新，驱动流通变革。数字经济驱动现代流通业变革的外在拉力机制是指数字经济背景下，流通业的治理模式创新和基础保障支撑，为流通业提供可持续发展的动力保障，驱动现代流通业变革。在数字经济发展初期，数字经济驱动现代流通业变革的动力机制主要体现为数字技术赋能和商业模式变革的内在推力，而当数字经济发展到后期，数字经济驱动现代流通业变革的动力机制主要体现为治理模式创新和基础保障支撑的外在拉力。

第四节　数字经济驱动现代流通业变革的演化能力

1994年，蒂斯和皮萨诺（Teece and Pisano）首次对动态能力进行定义，将其分解为整合、构建和重构三大核心的能力。动态能力能够通过促进企业创新效率的提升，实现企业战略变革（Teece and Leih，2016；谢康等，2016）。近年来，动态能力理论逐渐应用于产业的创新发展中，初步形成了产业动态能力相关理论。吴海宁（2015）认为产业动态能力是指产业或产业集群中的企业感知、把握、创造技术和市场机会，积累、利用和提升知识基础，根据复杂的动态环境整合资源，把握发展机遇，从而维持产业竞争优势的能力。随着数字经济的不断发展，数字化能力促进商业模式创新（易加斌等，2021），数字经济驱动流通变革不断深化。因此，笔者认为数字经济时代，产业动态能力是产业内企业群体共同感知市场机会、整合资源、重构产业链、共享生态体系的能力，包括感知能力、整合能力、重构能力、共享能力四个维度，有助于为组织创造业务价值，推动产业数字化转型（Warner and Wager，2019），驱动产业变革。结合数字经济与流通产业创新发展，下面将从数字感知能力、数字整合能力、数字重构能力和数字共享能力四个维度探究数字经济驱动现代流通业变革的演化能力，具体如图5-3所示。

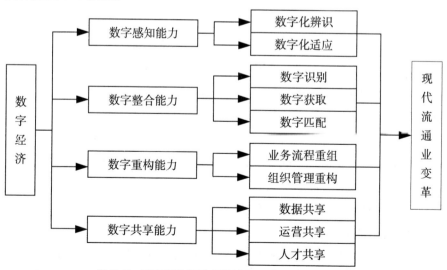

图5-3　数字经济驱动现代流通业变革的演化能力

资料来源：作者整理。

一、数字感知能力

感知能力是动态能力演化的逻辑起点，是个体或组织在认识新的外部信息基础上，感知、学习、筛选与最终理解确认环境中存在的机会和风险的能力。具体而言，感知能力由辨识能力和适应能力两个方面构成。辨识能力是指实时反馈外界环境变化，从而发现潜在市场机会的能力。适应能力是鉴别消费需求和市场机会，从而不断做出应对战略的能力。

数字经济背景下，数字化促进消费者感知差异性（郭功星等，2021），虚拟现实技术改变感知结构、拓展感知范围。流通业利用数字技术进行数字化辨识和数字化适应，产生数字化感知能力，是数字经济驱动现代流通业变革的起点。数字化感知能力主要包括数字化辨识和数字化适应两个方面。数字化辨识是指数字经济背景下流通业依托人工智能、5G、人脸识别等数字技术连接消费者，敏锐地观察和搜寻市场环境及消费需求的变化，识别消费需求，实现用户动态需求的快速响应，实时发现未来潜在机会。数字化适应是数字经济背景下，流通业利用数字技术在鉴别消费需求和市场机会的基础上，流通企业做出战略调整主动适应消费者未来需求，不断地应对消费需求和市场机会的变化，驱动现代流通业变革。

二、数字整合能力

整合能力是动态能力深度演化的基础，是指个体或组织对现有资源、信息等进行整合，创造出新价值的能力。动态能力能够将有价值、不可替代的信息资源整合在一起，形成新的更有价值的信息资源，从而为企业提供持续的竞争优势。整合能力包括资源识别、资源获取和资源配置的能力。资源识别能力是资源整合的起点，是指企业在感知市场变化和消费需求的基础上，根据企业的战略需要，识别关键资源。资源获取能力是资源整合过程的关键，企业实时获取稀缺有价值的资源，构建企业发展所需的资源基础，成为动态能力形成与拓展的关键要素，形成企业可持续发展的竞争优势。资源配置能力是资源整合的中心环节，是企业发现市场新机遇，根据市场导向的战略调整，重新配置资源。

数字经济背景下，数字平台整合内外资源，创造价值和获取竞争优势，促进组织创新绩效提升（袁红军，2013；冯军政等，2021）。开放式创新模式下，知识流动与合作网络对企业创新资源整合能力产生影响（王凯等，

2018）。流通业利用数字平台进行数字识别、数字获取、数字匹配，产生数字化整合能力，是数字经济驱动现代流通业变革的基础。数字整合能力主要包括数字识别、数字获取、数字匹配三个方面。数字识别是指数字经济背景下流通企业通过云计算、大数据分析、物联网等数字化技术，识别企业内外部关键信息资源。数字获取是指流通企业实时获取稀缺有价值的资源，整合内外部资源和数据精准对接消费者需求，转化为企业新的流程、产品和服务所需资源的过程。数字匹配是指数字经济背景下流通业发现市场新机遇，根据市场导向的战略调整和形成的资源，社交媒体、视频直播等数字化平台直接与消费者进行实时双向交互精准把握消费者需求，前置性地引导生产研发方向，同时对流通过程中底层数据充分挖掘、分享和应用，使流通行业产生共振，挖掘流通环节大量数据信息的深度价值，全方位再造流通产业链流程，从而驱动现代流通业变革。

三、数字重构能力

重构能力是改变或重构当前能力的能力，是动态能力深度演化的最重要阶段。资源重构能力影响商业模式创新（胡保亮等，2021）。重构能力主要包括流程重构能力和组织重构能力。流程重构能力是指对业务流程进行根本性再思考和彻底性再设计，从而适应新变化。组织重构能力是指组织结构动态适应或引领业务流程的变革。

数字经济背景下，通过重构能力激活数字平台，实现数据重构、开放共享以及知识创新，重构全产业链，构建数字生态系统（焦豪等，2021）。流通业利用数字化网络进行业务流程和组织管理的重构，产生数字重构能力，是数字经济驱动现代流通业变革的重要环节。数字重构能力主要包括业务流程重构和组织管理重构。业务流程重构是指数字经济背景下，当数字技术运用到流通企业，极大地削弱了信息不对称性，打破流通过程中企业上下游的边界，如线下体验线上购物、线上下单线下交付等，这样一系列环节可以无缝串联，减少了产品流通环节，增强了市场的公开性和透明度，形成完整的流通场景闭环，创造了新的价值共享空间。组织管理重构是指数字经济背景下，流通企业组织惯例和组织结构变革，由过去的传统封闭式组织形式向开放共享式组织形式转变，减少了传统流通模式下流通渠道中市场信息的不对称，降低了流通时间和流通成本，从而驱动现代流通业变革。

四、数字共享能力

产业链各环节、产业生态系统的协同发展成为现代企业的竞争优势（尤建新等，2017）。共享能力是个体或组织通过建立联系实现资源的相互融合获得双赢的价值，是能力深度演化的逻辑终点。共享能力促进技术创新效率（邱海洋，2019）。共享能力主要包括信息共享能力、运营共享能力、人才共享能力三个方面。信息共享能力是指不同的企业、部门之间信息和产品的交流与共用。运营共享能力是指达成战略合作、合作共建、合伙经营等各种经营模式共享。人才共享能力是指构建人力资源的互通机制，企业人才之间的合理流动。

数字经济背景下，基于互联网平台的知识共享能力促进竞争绩效（胡乐炜等，2018），以数字共享平台为载体的共享经济创造共享价值（邢小强等，2021；刘鸿宇，2021）。流通业利用数字化生态进行数据共享、运营共享、人才共享，产生数字共享能力，促进流通企业信息资源、业务流程和企业文化重塑，创造新的市场机会和机会空间，进而实现了流通价值重构，是数字经济驱动现代流通业变革的高级阶段。数字共享能力主要包括数据共享、运营共享、人才共享三个方面。数据共享是指通过大数据、区块链、物联网等数字化技术进行交互，能够打破流通各环节的数据壁垒，通过大数据挖掘与分析，提升流通效率。运营共享是指通过数字共享实现流通供应链协同，突破时空限制，大大提高速度和准确性，提升流通效率。如依托物联网的万物互联特质实现流通环节互联互通、信息共享、资源整合，满足流通环节中各自主体的需求，实现流通各环节运营资源的开放共享，形成开放、协同、共享的流通供应链体系，从而提升流通效率。人才共享是指运用区块链、物联网等数字化技术进行数字化管理，形成数字化人才体系，实现流通业之间人力资源的信息共享，从而驱动现代流通业变革。

综上所述，数字经济驱动现代流通业变革的演化能力具体包含数字感知能力、数字整合能力、数字重构能力和数字共享能力四个方面。数字感知能力主要包括数字辨识和数字适应两个方面。数字整合能力主要包括数字识别、数字获取、数字匹配三个方面。数字重构能力主要包括业务流程重构和组织管理重构两个方面。数字共享能力主要包括数据共享、运营共享、人才共享三个方面。

第六章

数字经济驱动现代流通业变革的实证分析

本书前文第五章从数字经济驱动现代流通业变革的理论基础、效率提升效应、动力机制与演化能力四个方面创新性地构建数字经济驱动现代流通业变革的理论体系，为本书后面章节进一步实证分析数字经济驱动我国现代流通业变革，构建数字流通理论体系，探寻数字流通发展实践路径提供理论支撑。本章在数字经济驱动现代流通业变革的理论体系基础上，从效率提升效应分析、动力体系、演化路径三个方面对数字经济驱动现代流通业变革进行实证分析。

具体而言：一是在数字经济驱动现代流通业变革的效率提升效应分析方面，在数字经济驱动现代流通业变革的效率提升效应基础上，结合2014—2019年中国省级面板数据，对数字经济驱动我国现代流通业变革的效率提升效应进行实证分析；二是在数字经济背景下线上多渠道策略提升流通业中华老字号企业效率分析方面，以流通业中华老字号企业为例，以2013—2018年流通业中华老字号上市公司为研究样本，运用 DEA-BCC 模型和 Malmquist 生产率指数从动态和静态两个方面探讨不同线上渠道策略对流通业中华老字号企业效率异质性效应；三是在数字经济驱动现代流通业变革的动力体系方面，在前文数字经济驱动现代流通业变革的动力机制基础上，采用横向多案例方法从数字技术赋能、商业模式变革的内在推动和数字治理模式创新、数字基础设施支撑的外在拉动两个方面构建数字经济驱动我国现代流通业变革的动力体系，为后文提出我国发展数字流通的政策建议提供支撑；四是在数字经济驱动现代流通业变革的演化路径方面，在前文数字经济驱动流通变革的演化能力基础上，采用纵向单案例方法从数字技术赋能实现数字化感知、数字平台搭建实现数字化整合、数字网络建设实现数字化重构、数字生态建设实现数字化共享四个方面构建数字经济驱动我国现代流通业变革的演化路径，为后文提出我国发展数字流通的实现路径提供现实依据。

第一节　数字经济驱动现代流通业变革的效率提升效应分析

本书第五章从精准配置效应、成本节约效应、规模经济效应、技术赋能效应四个方面探究数字经济驱动现代流通业变革的效率提升效应。本章在数字经济驱动现代流通业变革的效率提升效应基础上，结合 2014—2019年中国省级面板数据，对数字经济驱动我国现代流通业变革的效率提升效应进行实证分析。首先，从数字基础设施、数字产业发展、数字研发创新和数字治理环境四大维度创新性构建评价指标体系，并运用熵权法测算出数字经济发展水平；其次，从投入和产出视角构建流通效率评价体系，运用 DEA-Malmquist 指数法测算出流通效率；最后，建立线性回归模型分析数字经济驱动我国流通效率提升的整体效应与异质性效应。

一、基于熵权法的数字经济发展水平测度

研究数字经济驱动我国现代流通业变革的效率提升效应，必须先对数字经济发展水平进行测度。本部分首先构建数字经济发展水平指标体系，然后采用熵权法测度出我国各省份 2014—2019 年数字经济发展水平，从而为后文实证分析数字经济驱动我国现代流通业变革的效率提升效应提供数据支撑。

（一）数字经济发展水平指标体系构建

数字经济是一个综合性、系统性的概念，不宜用单一指标衡量。目前政府部门和学术理论界对数字经济测度还没有形成统一的标准。笔者在数字经济的界定与测度前期研究的基础上，基于全面性、科学性、导向性、可操作性、数据可得性等原则，以国家最新发布的《数字经济及其核心产业统计分类（2021）》《"十四五"数字经济发展规划》为基本依据，参考《中国数字经济城市发展白皮书（2021）》、王军等（2021）、翟文静和许学军（2022）构建的数字经济发展水平评价指标体系，考虑到网络安全和数字治理愈发成为数字经济发展领域的焦点问题，且鲜有文献将其纳入数字经济发展水平的评价指标体系，创新性地从数字基础设施维度、数字产业发展维度、数字研发创新维度和数字治理环境维度构建数字经济发展水平

指标体系，对数字经济发展水平进行测度。

如表 6-1 所示，数字经济发展水平指标体系分为三个层次的指标，共 4 个一级指标、10 个二级指标和 31 个三级细分指标。其中数字基础设施维度从云端、网端、终端三个层面测度，云端具体包括光缆线路长度和 IPv4 地址数两个指标，网端具体包括域名数指标和网页数指标，终端具体包括互联网宽带接入端口指标、期末使用计算机数指标。数字产业发展维度从经济产出和效益质量两个方面进行测度，经济产出具体包括电信业务总量指标、电子信息制造业指标、软件业收入指标、电子商务交易额指标，效益质量具体包括信息传输指标、计算机服务和软件业就业人员数量指标、有电子商务交易活动企业占比指标。数字研发创新维度从技术研发和创新转化两个方面测度，技术研发具体包括研究与开发人员全时当量指标、研究与开发经费指标，创新转化具体包括专利申请数量指标、技术成交额指标、专利授权数指标。数字治理环境从市场环境、公共服务与管理、网络安全三个方面进行测度，市场环境具体包括移动电话通话时长指标、移动电话交换机容量指标、移动电话基站指标、移动电话普及率指标、移动电话用户指标、移动互联网用户指标、移动互联网接入流量指标、公共服务与管理具体包括城市宽带接入用户指标，政企宽带接入用户指标，一般公共服务支出指标，公共管理、社会保障和社会组织就业人员数指标，公共管理、社会保障和社会组织平均工资指标；网络安全具体包括新增网络安全企业数指标与公共安全支出指标。构建的数字经济发展水平评价指标体系的数据均来源于《中国统计年鉴》《中国电子信息产业统计年鉴》、企查查平台。

表 6-1 数字经济发展水平指标体系

一级指标	二级指标	细分指标
数字基础设施	云端	光缆线路长度（千米）
		IPv4 地址数（万个）
	网端	域名数（万个）
		网页数（万个）
	终端	互联网宽带接入端口（万个）
		期末使用计算机数（台）

续表

一级指标	二级指标	细分指标
数字产业发展	经济产出	电信业务总量（亿元）
		电子信息制造业（万元）
		软件业收入（万元）
		电子商务交易额（亿元）
	效益质量	信息传输、计算机服务和软件业就业人员数（万人）
		有电子商务交易活动企业占比（%）
数字研发创新	技术研发	R&D 人员全时当量（人年）
		R&D 经费（万元）
	创新转化	专利申请数（件）
		技术成交额（万元）
		专利授权数（件）
数字治理环境	市场环境	移动电话通话时长（亿分钟）
		移动电话交换机容量（万户）
		移动电话基站（万户）
		移动电话普及率（部/百人）
		移动电话用户（万户）
		移动互联网用户（万户）
		移动互联网接入流量（万G）
	公共服务与管理	城市宽带接入用户（万户）
		政企宽带接入用户（万户）
		一般公共服务支出（亿元）
		公共管理、社会保障和社会组织就业人员数（万人）
		公共管理、社会保障和社会组织平均工资（元）
	网络安全	新增网络安全企业数（个）
		公共安全支出（亿元）

注：作者整理绘制。

（二）基于熵权法的数字经济发展水平分析

根据上文数字经济发展水平指标体系，参考张雪玲和焦月霞（2017）、曹萍萍等（2022）对于数字经济发展水平测度的前期研究，本部分采用熵权法测算我国 30 个省份（除西藏自治区外）2014—2019 年的数字经济发展水平。

1. 数据归一化处理

为保证归一化后数据位于区间之内，归一化处理的计算公式为：

$$X'_{ij} = 0.1 + \frac{X_{ij} - \min(X_i)}{\max(X_i) - \min(X_i)} \times 0.9 \qquad （式 6-1）$$

其中，X_i 为各个指标，X_{ij} 为各个指标下的样本数据，X'_{ij} 为标准化后的数据。

2. 计算各指标的权重

计算公式为：

$$\rho_{ij} = \frac{X'_{ij}}{\sum_{i=1}^{m} X'_{ij}} \qquad （式 6-2）$$

其中，ρ 表示指标权重，m 为样本数目，样本为 30 个省份。

3. 对各个指标分别计算信息熵

计算公式为：

$$E_j = -\ln(m)^{-1} \sum_{i=1}^{m} (\rho_{ij} \times \ln \rho_{ij}) \qquad （式 6-3）$$

4. 对各个指标分别计算信息熵冗余度

计算公式为：

$$D_j = 1 - E_j \qquad （式 6-4）$$

5. 计算指标权重

计算公式为：

$$W_j = \frac{D_j}{\sum_{j=1}^{n} D_j} \qquad （式 6-5）$$

其中，n 为指标总数目，共设置了 30 个指标。

6. 计算各样本的数字经济发展水平指数

根据式（6-5）计算得出的各指标权重，分别赋予以上的经过式（6-1）归一化处理后的数据，即得出最终各省份的数字经济发展水平指数。

结果如表6-2所示。总体来看，我国各省份的年均变动不大，但各省份之间的发展水平差异较大，极差达到0.686。进一步地用东部、中部和西部三个区域对我国30个省份进行划分[①]，结果如表6-3所示，我国东部地区数字经济发展水平高于中部地区，西部地区数字经济发展水平则普遍较低。具体来看，我国东部地区的广东、浙江、北京、江苏、山东的数字经济发展程度最高，这五个地区的年平均值均高于0.4；西部地区，青海、新疆维吾尔自治区、甘肃这三座城市的数字经济发展水平最低，这三个地区的年平均值均不超过0.17。广东的数字经济发展水平较为突出，自2014年起已经连续六年稳居全国第一。

表6-2　我国各省份（除西藏自治区外）数字经济发展水平（2014—2019年）

省份	2014年	2015年	2016年	2017年	2018年	2019年	平均值
北京	0.4969	0.4901	0.4897	0.5058	0.4923	0.5311	0.5010
天津	0.2255	0.2153	0.2061	0.1913	0.1887	0.1958	0.2038
河北	0.2722	0.2809	0.2940	0.2966	0.2942	0.2898	0.2880
山西	0.1864	0.1928	0.1928	0.1930	0.1989	0.1913	0.1925
内蒙古自治区	0.1771	0.1881	0.1890	0.1892	0.1875	0.1739	0.1841
辽宁	0.2716	0.2833	0.2611	0.2546	0.2461	0.2364	0.2589
吉林	0.1629	0.1745	0.1774	0.1782	0.1778	0.1629	0.1723
黑龙江	0.1819	0.2206	0.2241	0.2306	0.2212	0.1752	0.2089
上海	0.3958	0.3735	0.3693	0.3336	0.3274	0.3568	0.3594
江苏	0.6768	0.6769	0.6567	0.6116	0.5886	0.6060	0.6361
浙江	0.5637	0.5170	0.5099	0.4691	0.4324	0.5250	0.5029

[①] 东部地区指北京、辽宁、福建、上海、天津、浙江、山东、广东、海南、河北、江苏11个省份，中部地区指黑龙江、河南、安徽、江西、湖北、湖南、吉林、山西8个省份，西部地区指内蒙古自治区、重庆、广西壮族自治区、贵州、四川、云南、青海、陕西、新疆维吾尔自治区、甘肃、宁夏回族自治区11个省份（除西藏自治区外）。

省份	2014 年	2015 年	2016 年	2017 年	2018 年	2019 年	平均值
安徽	0.2860	0.2909	0.2979	0.2983	0.3026	0.2917	0.2946
福建	0.3178	0.3209	0.3378	0.3308	0.3193	0.3293	0.3260
江西	0.2162	0.2322	0.2281	0.2323	0.2404	0.2341	0.2306
山东	0.4724	0.4312	0.4401	0.4204	0.4078	0.4411	0.4355
河南	0.3315	0.3492	0.3624	0.3688	0.3637	0.3470	0.3538
湖北	0.3057	0.2960	0.2964	0.2803	0.2820	0.2989	0.2932
湖南	0.2804	0.2779	0.2870	0.2797	0.2804	0.2836	0.2815
广东	0.8835	0.8083	0.8122	0.7638	0.7682	0.8821	0.8197
广西壮族自治区	0.2014	0.2038	0.2055	0.2046	0.2080	0.2213	0.2074
海南	0.1479	0.1538	0.1518	0.1448	0.1433	0.1403	0.1470
重庆	0.2313	0.2345	0.2377	0.2298	0.2585	0.2307	0.2371
四川	0.3586	0.3414	0.3511	0.3486	0.3641	0.3827	0.3578
贵州	0.1842	0.1734	0.1774	0.1777	0.1856	0.2049	0.1839
云南	0.2107	0.1963	0.2003	0.2037	0.1964	0.2308	0.2064
陕西	0.2418	0.2634	0.2719	0.2610	0.2648	0.2472	0.2584
甘肃	0.1627	0.1636	0.1625	0.1591	0.1635	0.1663	0.1630
青海	0.1259	0.1384	0.1402	0.1363	0.1382	0.1230	0.1337
宁夏回族自治区	0.1253	0.2123	0.2174	0.2260	0.2343	0.1194	0.1891
新疆维吾尔自治区	0.1735	0.1691	0.1682	0.1625	0.1578	0.1745	0.1676

资料来源：作者整理。

表 6-3 我国东、中、西部地区数字经济发展水平（2014—2019 年）

区域	2014 年	2015 年	2016 年	2017 年	2018 年	2019 年	平均值
东部地区	0.4295	0.4137	0.4117	0.3929	0.3826	0.4122	0.4071
中部地区	0.2976	0.3060	0.3097	0.3068	0.3062	0.2996	0.3043
西部地区	0.1993	0.2077	0.2110	0.2090	0.2144	0.2068	0.2080

资料来源：作者整理。

二、基于 DEA-Malmquist 指数法的流通效率测度

研究数字经济驱动我国流通效率提升的效应，还必须测度流通效率水平。考虑到数字经济和流通业的发展现实，基于数据的统一性、可得性、持续性和准确性，本部分从投入产出视角构建流通效率评价体系，运用DEA-Malmquist 指数法测度我国各省份的流通效率，为后文实证分析数字经济驱动我国现代流通业变革的效率提升效应提供数据支撑。

（一）流通效率评价指标体系

根据我国《国民经济行业分类（2017）》，参考祝合良（2018）、王春豪和袁菊（2019）对流通业范围的界定，笔者认为流通业的研究范围包括"批发和零售业""住宿和餐饮业"以及"交通运输、仓储和邮政业"。参考李晓慧（2019）、王晓东等（2020）对流通效率的界定，笔者认为流通效率主要取决于流通业投入与流通业产出，用流通业全要素生产率来表示流通效率。流通业投入指标用流通业的人力投入、资本投入和基础设施投入三个方面来衡量，流通业产出指标用流通业增加值、社会消费品零售额和货物周转量三个方面来衡量。具体而言，参考陈宇峰和章武滨（2015）、孙畅和吴立力（2017）、柳思维和周洪洋（2018）对于流通效率投入产出指标的选取，流通业人力投入指标用流通业各细分行业的总就业规模表示；流通业资本投入指标用流通业各细分行业的固定资本存量总和表示；流通业基础设施投入指标用公路、铁路、内河航道的里程总和表示；流通业增加值指标用流通业各细分行业的增加值总和表示；社会消费品零售额指标用各地区社会消费品零售总额表示；货物周转量指标用铁路、公路和水运的货物周转量总和表示。

其中流通业的固定资本存量用永续盘存法进行估算，其计算公式为：

$$K_{it} = K_{it-1}(1 - \delta) + I_{it} \tag{式 6-6}$$

式 5-6 中，K_{it}、K_{it-1} 分别是第 i 地区第 t、$t-1$ 年的资本存量，I_{it} 为第 i 地区第 t 年的固定资本投资额，δ 为折旧率。笔者以 2013 年为基期，用 2014 年的资本形成总额比折旧率与 2014—2019 年固定资产投资平均增长率之和来估计我国 30 个省份 2013 年的资本存量（单豪杰，2008）。固定资产折旧率选取 8.6%（杨水根等，2020），并以 2013 年为基期用固定

资产投资价格指数对名义固定资产投资进行价格平减（陈宇峰和章武滨，2015）。

笔者构建的流通效率评价指标体系如表6-4所示，流通效率评价指标数据均来源于《中国统计年鉴》。

表6-4　流通效率评价指标体系

变量类型	名称	单位	定义
投入	流通业人力投入	万人	批发和零售业、住宿和餐饮业、交通运输、仓储和邮政业的总就业规模
	流通业资本投入	亿元	批发和零售业、住宿和餐饮业、交通运输、仓储和邮政业的固定资本存量总和
	流通业基础设施投入	万千米	公路里程、铁路里程和内河航道里程总和
产出	流通业增加值	亿元	批发和零售业、住宿和餐饮业、交通运输、仓储和邮政业的增加值总和
	社会消费品零售额	亿元	地区社会消费品零售总额
	货物周转量	亿吨千米	铁路、公路和水运的货物周转量总和

（二）基于DEA-Malmquist指数法的流通效率分析

DEA-Malmquist指数法将DEA模型与Malmquist指数模型结合，考察同期决策单元与上一期决策单元相比较的效率变化情况。DEA-Malmquist模型表示如下：

$$M(x_{t+1},y_{t+1},x_t,y_t) = \left[\frac{D^t(x_{t+1},y_{t+1})}{D^t(x_t,y_t)} \times \frac{D^{t+1}(x_{t+1},y_{t+1})}{D^{t+1}(x_t,y_t)} \right]^{\frac{1}{2}} \qquad （式6-7）$$

$M(x_{t+1}, y_{t+1}, x_t, y_t)$指（$t$，$t+1$）时期的Malmquist指数，即全要素生产率变动情况，当$M(x_{t+1}, y_{t+1}, x_t, y_t)$大于1表示全要素生产率水平提高，反之有所降低。当规模报酬不变时，Malmquist指数分解为综合技术效率变化（effch）和技术变化率（techch）；当存在规模报酬变化时，Malmquist指数再进一步又分解为纯技术效率（pech）、规模效率（sech）和技术变化率三个部分。

基于前文的分析，本部分以流通业全要素生产率来表示流通效率。以下采用 DEA-Malmquist 的研究方法，运用 DEAP2.1 计量分析软件，选取我国 30 个省份（除西藏自治区外）2014—2019 年的流通业投入产出数据进行测度，得到 2014—2019 年我国省际层面的流通业全要素生产率及其分解指标。下面从我国整体流通效率和各细分行业流通效率进行分析。

1. 2014—2019 年中国流通效率整体分析

表 6-5 列出了 2014—2019 年我国流通业全要素生产率及其分解指标。从表 6-5 中分析发现：一是除 2019 年受新冠疫情影响之外，我国流通业全要素生产率都超过 1，2014—2019 年我国流通业全要素生产率平均值为 1.0263，平均增长 2.6%，表明流通效率对我国流通业增长的贡献保持平稳增长趋势。二是在全要素生产率的分解指标中，2014—2019 年技术进步指数的平均值最高，达到 1.0211，技术进步对流通效率增长的贡献程度最高，表明这一时期数字技术对流通效率提升具有的重要推动作用；2014—2019 年纯技术效率的平均值为 1.0095，纯技术效率表示在技术水平、投入资源量、生产规模都不变的情况下生产部门能否获得最优产出，可以衡量生产者对生产资源配置能力和组织生产的经营管理能力。纯技术效率是度量现有技术条件下的投入产出转化能力，受经济、社会、环境的硬技术和管理软技术两个层面的影响，表明这一时期流通业的组织结构、经营管理等都对流通效率具有正向影响。2014—2019 年规模效率的平均值为 0.9982，表明这一时期流通业的企业规模等都对流通效率存在负向影响。

表 6-5　中国流通业全要素生产率及其分解指标（2014—2019 年）

年份	技术进步指数	纯技术效率	规模效率	全要素生产率
2014 年	1.0611	1.0058	0.9923	1.0591
2015 年	1.0428	1.0010	0.9865	1.0296
2016 年	1.0628	0.9946	0.9866	1.0427
2017 年	1.0854	0.9836	0.9925	1.0584
2018 年	1.0141	1.0307	0.9909	1.0356
2019 年	0.8604	1.0415	1.0404	0.9321
平均值	1.0211	1.0095	0.9982	1.0262

资料来源：作者整理。

注：表格数据的平均值是计算机模型在算的时候用的整体数据原值的平均值，不是用的现有表格里已经四舍五入的值的平均值，所以会有细节微差别。

表 6-6 列出了 2014—2019 年我国各省份（除西藏自治区外）流通效率及其平均值。从表 6-6 中分析发现：一是总体上看，2014—2019 年我国各省份（除西藏自治区外）流通效率平均值的差异程度都不大，极差为 0.1482。二是具体来看，2014—2019 年我国流通效率平均值较大的省份有上海、重庆、北京、福建、四川、湖北、云南，其次是广东、山东、广西壮族自治区、河南、江西、海南、贵州、湖南、江苏；再次是甘肃、新疆维吾尔自治区、宁夏回族自治区、河北、浙江、陕西、山西；最后我国流通效率均值较小的省份有黑龙江、天津、辽宁、青海、吉林、安徽、内蒙古自治区。

表 6-6　中国各省份（除西藏自治区外）流通效率及其平均值（2014—2019 年）

省份	2014 年	2015 年	2016 年	2017 年	2018 年	2019 年	平均值
北京	1.0440	1.0360	1.0460	1.0340	1.0110	1.1710	1.0570
天津	1.0220	0.9960	1.0330	1.0460	0.9090	0.8670	0.9788
河北	1.0510	1.0110	1.0480	1.2280	0.9850	0.7790	1.0170
山西	1.0230	1.0010	1.0240	1.0930	1.0630	0.9470	1.0252
内蒙古自治区	1.0750	0.9960	1.0210	1.0400	0.9330	0.9140	0.9965
辽宁	1.0490	1.0140	1.0390	1.0570	0.9490	0.7780	0.9810
吉林	1.0920	1.0710	1.0650	1.0450	1.0010	0.6980	0.9953
黑龙江	1.0440	1.0130	1.0090	0.9950	1.0120	0.7380	0.9685
上海	1.0950	1.0080	0.9810	1.1140	1.0560	1.0550	1.0515
江苏	1.0390	1.0620	1.0580	1.0900	1.0970	0.8930	1.0398
浙江	1.0740	1.0540	1.0860	1.0470	1.0250	0.8350	1.0202
安徽	1.0570	0.8730	1.0230	1.0370	1.1070	0.8790	0.9960
福建	1.0780	1.0650	1.0960	1.0650	1.0990	0.9830	1.0643
江西	1.0260	1.0080	1.0500	1.0430	1.1250	0.9440	1.0327
山东	1.0620	1.0960	1.0800	1.0980	1.0020	0.8310	1.0282
河南	1.0530	1.0250	1.0320	1.0390	1.1140	0.9250	1.0313
湖北	1.1100	1.1070	1.0850	1.0860	1.0720	1.0370	1.0828
湖南	1.1270	1.0880	1.1180	1.1020	1.0540	0.7370	1.0377

续表

省份	2014 年	2015 年	2016 年	2017 年	2018 年	2019 年	平均值
广东	1.0520	1.0500	1.0510	1.0700	0.9980	0.9370	1.0263
广西壮族自治区	1.0880	1.0640	1.0680	1.0770	1.0420	0.8320	1.0285
海南	1.1940	0.9610	0.9740	1.0140	0.9870	1.0790	1.0348
重庆	1.0340	1.0450	1.0600	1.0460	1.0350	1.0950	1.0525
四川	1.0910	1.1190	1.1110	1.1120	1.0690	0.9040	1.0677
贵州	1.0450	1.0720	1.0380	1.0270	0.9960	1.0330	1.0352
云南	1.0600	1.0680	1.0670	1.0740	1.2510	1.1800	1.1167
陕西	1.0060	1.0270	1.0370	1.0370	1.0470	0.9800	1.0223
甘肃	1.0360	0.9890	0.9920	0.9860	0.9950	0.9570	1.0030
青海	1.0180	0.9870	0.9920	0.9860	0.9950	0.9570	0.9892
宁夏回族自治区	0.9950	0.9990	0.9940	0.9880	0.9870	1.0600	1.0038
新疆维吾尔自治区	1.0320	0.9830	1.0030	1.0310	1.0330	0.9390	1.0035

资料来源：作者整理。

注：表格数据的平均值是计算机模型在算的时候用的整体数据原值的平均值，不是用的现有表格里已经四舍五入的值的平均值，所以会有细节微差别。

2. 2014—2019 年中国各行业流通效率分析

表 6-7 列出了 2014—2019 年我国各细分行业的流通效率。从表 6-7 中分析发现：一是整体来看，2014—2019 年我国各细分行业的流通效率整体变化不大；二是分行业来看，2014—2019 年我国各细分行业的流通效率存在差异，批发和零售业的流通效率平均值最高，为 1.0874；住宿和餐饮业的流通效率平均值次之，为 1.0859；最低的是交通运输、仓储和邮政业的平均值，为 0.9268。

表 6-7 中国流通业各细分行业的流通效率（2014—2019 年）

年份	批发和零售业	住宿和餐饮业	交通运输、仓储和邮政业
2014 年	1.0947	1.1592	0.8474
2015 年	1.1004	1.1522	0.8423

续表

年份	批发和零售业	住宿和餐饮业	交通运输、仓储和邮政业
2016 年	1.0878	1.1058	0.9014
2017 年	1.1105	1.1196	0.9729
2018 年	1.0413	0.9008	0.9983
2019 年	1.0894	1.0775	0.9982
平均值	1.0873	1.0858	0.9268

资料来源：作者整理。

注：表格数据的平均值是计算机模型在算的时候用的整体数据原值的平均值，不是用的现有表格里已经四舍五入的值的平均值，所以会有细节微差别。

表 6-8 列出了 2014—2019 年我国各省份（除西藏自治区外）各细分行业的流通效率。从表 6-8 中分析发现：2014—2019 年我国各省份批发和零售业流通效率平均值的极差为 0.054，住宿和餐饮业流通效率平均值的极差为 0.189，交通运输、仓储和邮政业的流通效率平均值极差为 0.517，表明 2014—2019 年我国各省份（除西藏自治区外）住宿和餐饮业流通效率的差距最大，其次是住宿和餐饮业，交通运输、仓储和邮政业的流通效率差距最小。

表 6-8 中国各省份（除西藏自治区外）流通业各细分
行业的流通效率（2014—2019 年）

省份	批发和零售业	住宿和餐饮业	交通运输、仓储和邮政业
北京	1.1035	1.1043	0.7453
天津	0.9552	1.0065	0.9232
河北	1.0625	1.0510	0.9690
山西	1.0960	1.0435	0.9367
内蒙古自治区	1.0360	1.0763	0.8908
辽宁	1.0587	0.9985	1.0110
吉林	0.9902	1.0183	0.9277
黑龙江	1.0117	1.0708	0.9192
上海	1.0957	1.0900	0.8745

省份	批发和零售业	住宿和餐饮业	交通运输、仓储和邮政业
江苏	1.1202	1.0915	0.9063
浙江	1.0972	1.1073	0.8920
安徽	1.1545	1.1787	0.9770
福建	1.0903	1.1348	0.8862
江西	1.0838	1.0565	1.0075
山东	1.1060	1.0842	0.9742
河南	1.1003	1.0678	0.9925
湖北	1.1495	1.1875	0.9395
湖南	1.0823	1.1293	0.9168
广东	1.0797	1.0920	0.9132
广西壮族自治区	1.0587	1.0058	0.9012
海南	1.0702	1.1033	0.9008
重庆	1.1575	1.1782	0.8715
四川	1.1153	1.1260	0.9448
贵州	1.1283	1.0272	0.8415
云南	1.1515	1.1068	1.2623
陕西	1.1038	1.0693	0.9310
甘肃	1.0708	1.0313	0.9485
青海	1.0690	1.1483	0.8425
宁夏回族自治区	1.1613	1.1030	0.8252
新疆维吾尔自治区	1.0602	1.0867	0.9307

资料来源：作者整理。

注：表格数据的平均值是计算机模型在算的时候用的整体数据原值的平均值，不是用的现有表格里已经四舍五入的值的平均值，所以会有细节微差别。

三、模型设定与变量说明

基于前文数字经济驱动现代流通业变革的效率提升效应分析，本部分构建数字经济驱动现代流通业变革的效率提升效应的计量模型，为后文实证分析数字经济驱动我国现代流通业变革的效率提升效应提供测度依据。

（一）计量模型构建

基于前文数字经济驱动现代流通业变革的效率提升效应分析，本部分拟对数字经济与流通效率的相关关系分别进行实证分析和检验。参考肖利平（2018）、范合君和吴婷（2021）的研究思路，本部分探索数字经济对流通效率的影响。构建基本回归模型如下：

$$Y_{it} = \beta_0 + \beta_1 dig_t + \beta_2 control_t + c_i + v_t + \varepsilon_t \qquad （式6-8）$$

其中，i 表示省份，t 表示年份，β 为待估参数，c 表示个体效应，v 表示时间效应，ε 表示随机扰动项。Y 表示被解释变量，即流通效率，具体用流通业的全要素生产率表示。dig 表示核心解释变量，即数字经济发展水平。$control$ 表示控制变量，具体包括城镇化水平（$urban$）、经济发展水平（$pcgdp$）、对外开放水平（$open$）和人力资本水平（edu）。

具体而言，城镇化水平用年末城镇人口占总人口比重的增长率表示，对外开放水平用货物进出口总额占地区 GDP 比重来表示（陈宇峰和章武滨，2015）；经济发展水平用人均实际 GDP 增长率来衡量，为了剔除价格的影响，获得人均 GDP 的真实值，以 2013 年为基期首先计算了 GDP 平减指数，然后用各地区名义人均 GDP 除以平减指数，得到各地区人均 GDP 的真实值（赵霞和荆林波，2017）；人力资本水平用每十万人高等教育学校在校生数来衡量。选择这些指标作为控制变量是基于流通业的发展现实：一是流通业属于第三产业，对社会发展、文化环境、人口聚集度依赖性较高，城镇化水平是与流通业息息相关的变量；二是城市消费水平、经济发展水平，是产业创新发展的基础，也是流通业发展的影响因素；三是流通业具有高流动性和高辐射力，对外开放水平也是流通业发展的重要影响因素；四是随着社会生产力和科学技术的迅速发展，人力资本提高了劳动力对实物资本的使用，人力资本水平对流通业发展也具有较大影响。

（二）数据描述性统计

本部分在数字经济发展水平和流通效率的测度基础上，对回归分析的变量指标体系进行设定，所有变量的描述统计如表6-9所示。为了避免异方差，使得估计结果更加稳健，本部分对经济发展水平和人力资本水平做了取对数处理。其中，流通效率与数字经济发展水平的最小值和最大值都存在较大的差距，说明在样本考察期间我国各省份的区域异质性显著。

表 6-9 变量描述性统计

变量类型	变量名称	变量代码	测算方法及统计指标	平均值	标准差	最小值	最大值
被解释变量	流通效率	tfp	DEA-Malmquist 运用指数法计算所得	1.0262	0.0795	0.6980	1.2510
解释变量	数字经济发展水平	dig	运用熵权法计算所得	0.2931	0.1537	0.1194	0.8835
控制变量	城镇化水平	$urban$	年末城镇人口占总人口比重	0.5927	0.1135	0.4001	0.8960
	经济发展水平	$\ln pcgdp$	人均实际GDP（元）	10.9327	0.3940	10.1824	11.8240
	对外开放水平	$open$	货物进出口总额/GDP（%）	0.2480	0.2613	0.0127	1.2156
	人力资本水平	$\ln edu$	每十万人高等教育学校在校生数（人）	7.8516	0.2585	7.1066	8.5995

四、数字经济驱动我国流通效率提升的整体效应

基于前文数字经济发展水平和流通效率的测度结果，本部分运用线性回归模型实证分析数字经济驱动我国流通效率提升的整体效应。

（一）面板平稳性检验

在进行面板估计分析前，本部分采用 HT 检验方法对各指标变量进行单位根检验，以判断各变量是否存在单位根。由表 6-10 的检验结果可以看出，所有变量均显著拒绝原假设"存在面板单位根"，即表明该面板数据平稳，可以进行下一步的面板数据回归分析。在此基础上，本部分对数据进行了多重共线性检验，结果如表 6-10 所示，所有解释变量的 VIF 值都小于 10，因此本部分认为不存在多重共线性。通过异方差和自相关检验发现，面板数据存在组间异方差，与此同时存在同期相关性，但面板数据不存在一阶组内自相关。

基于以上数据平稳性的检验结果，为了解决回归模型变量之间的内生

性和异方差问题，并且消除个体效应，本部分将对基准模型进行修正估计，利用 GLS 和 PCSE 修正模型，消除解释变量和个体效应之间的联系，解决模型异方差和组内自相关问题，使得估计结果更加可靠。

表 6-10　面板单位根检验与多重共线性检验

变量	tfp	dig	$urban$	In $pcgdp$	$open$	In edu
Z 值	−4.60	−6.08	−4.47	−1.39	−3.05	−1.35
P 值	0.0000	0.0000	0.000	0.082	0.001	0.088
VIF	—	1.95	2.68	9.05	3.83	2.08

（二）实证检验结果

首先，根据本部分构建的计量模型（式 6-8），检验数字经济对流通效率的线性回归结果。利用面板 PCSE 修正模型估计法，得到回归估计结果如表 6-11 所示。结果显示，数字经济发展水平对流通效率存在正向影响，在 10% 的水平上显著，作用力水平为 0.1062，表明数字经济发展水平每增加 1，流通效率增加 0.1062。

表 6-11　模型实证检验结果

	tfp				
dig	0.0754*** （0.02）	0.0800* （0.04）	0.1330** （0.06）	0.0862 （0.06）	0.1062* （0.06）
$urban$		−0.0249 （0.08）	0.2360 （0.17）	0.0291 （0.17）	0.1172 （0.18）
In $pcgdp$			−0.0999* （0.05）	−0.0733 （0.06）	−0.0811* （0.05）
$open$				0.0779 （0.05）	0.0657 （0.06）
In edu					−0.0276 （0.04）
$\_cons$	1.00061*** （0.02）	1.0192*** （0.04）	1.9399*** （0.49）	1.7642*** （0.52）	2.0126*** （0.54）
R^2	0.9888	0.9855	0.9859	0.9848	0.9849
样本量	180	180	180	180	180

注：***、**、* 分别表示在 1%、5%、10% 水平下显著，括号内为估计标准误。

（三）稳健性检验

在面板平稳性检验、实证检验的基础上，为了保证前文模型估计结果的稳健性，本部分首先采用随机前沿生产方法计算出流通业技术效率指数来替换被解释变量（王孝松和张瑜，2021），然后将原模型的被解释变量作为解释变量进行逆向因果检验。

首先，本部分采用随机前沿生产方法，通过选取 frontier4.1 计算得出流通业技术效率指数（$teeff$）来替换被解释变量，投入指标不变，产出指标受该方法限制，只能选取一个产出指标流通业增加值，测度出 2014—2019 年各省份流通业技术效率指数，并进一步通过面板修正模型 GLS 和 PCSE 模型进行估计，估计结果如表 6-12 所示。面板 GLS 修正模型得出，数字经济发展水平对流通业技术效率指数的估计系数为 0.0316，并且在 1% 水平上显著。数字经济发展水平对流通业技术效率指数的估计系数为 0.0481，并且在 1% 水平上显著。因此，数字经济发展水平对流通业技术效率的促进作用进一步得到验证，回归结果稳健。

表 6-12 稳健性检验结果 I

	$teeff$	
	GLS	PCSE
dig	0.0316*** （0.01）	0.0481*** （0.02）
$L.dig$	—	—
$L.tfp$	—	—
$urban$	0.0376 （0.04）	0.1448*** （0.06）
ln $pcgdp$	0.0123* （0.01）	0.0065 （0.01）
$open$	0.0352*** （0.01）	0.0330*** （0.01）
ln edu	−0.0466*** （0.01）	−0.0930*** （0.02）
_cons	1.0659*** （0.12）	1.4175*** （0.15）

续表

	teeff	
	GLS	PCSE
控制变量	控制	控制
时间效应	控制	控制
样本量	180	180

注：***、**、* 分别表示在 1%、5%、10% 水平下显著，括号内为估计标准误。

其次，由于数字经济与流通效率在发展过程中相辅相成，两者之间可能存在反向的因果关系，因此，本部分通过动态面板系统 GMM 和面板 GLS 修正模型进一步进行逆向因果检验。一是将数字经济发展水平作为被解释变量，将原模型中的被解释变量流通效率的滞后一期作为解释变量，控制时间效应和控制变量，进行动态面板系统 GMM 估计，逆向因果检验结果如表 6-13 所示，回归系数不显著，证明无严重逆向因果问题。二是将数字经济发展水平作为被解释变量，将原模型中的被解释变量流通效率作为解释变量，控制时间效应和控制变量，进行面板 GLS 修正模型估计，逆向因果检验结果如表 6-13 所示，回归系数不显著，证明无严重逆向因果问题。

表 6-13 稳健性检验结果 II

	dig	
	GLS	系统 GMM
dig		
L.dig		0.8732*** （0.04）
L.tfp	0.3596 （0.48）	0.0116 （0.02）
urban	−0.5543 （0.68）	−0.5760*** （0.10）
ln *pcgdp*	0.3748*** （0.15）	0.1469*** （0.02）
open	0.1977 （0.15）	0.0527* （0.03）

续表

	dig	
	GLS	系统 GMM
ln *edu*	−0.0908 （0.11）	−0.0107 （0.03）
_cons	−3.1322 （2.04）	−1.1716*** （0.17）
控制变量	控制	控制
时间效应	控制	控制
AR（1）		−2.26**
AR（2）		−1.62
工具变量数		17
Sargan 检验 P 值		0.0804
样本量	180	180

注：***、**、* 分别表示在 1%、5%、10% 水平下显著，括号内为估计标准误。

综上所述，本部分采用随机前沿生产方法计算出流通业技术效率指数来替换被解释变量，将原模型的被解释变量作为解释变量进行逆向因果检验，实证结论依然稳健。

五、数字经济驱动中国流通效率提升的异质性效应

基于前文数字经济发展水平和流通效率的测度结果，本部分运用线性回归模型从行业异质性和区域异质性两个方面实证分析数字经济驱动我国流通效率提升的异质性效应。

（一）异质性分析Ⅰ：区域异质性

考虑我国各地区之间不平衡不充分的发展现状，本部分进一步用东部、中部和西部三个区域对我国 30 个省份（除西藏自治区外）进行划分①，继

---

① 东部地区指北京、辽宁、福建、上海、天津、浙江、山东、广东、海南、河北、江苏 11 个省份，中部地区指黑龙江、河南、安徽、江西、湖北、湖南、吉林、山西 8 个省份，西部地区指内蒙古自治区、重庆、广西壮族自治区、贵州、四川、云南、青海、陕西、新疆维吾尔自治区、甘肃、宁夏回族自治区 11 个省份（除西藏自治区外）。

续考察数字经济驱动我国流通效率变革的区域异质性表现，实证结果如表 5–14 所示。由于篇幅限制，在模型有效性和稳健性检验中，东部地区的面板线性回归模型检验结果显示系统 GMM 模型结果最优，中部地区的面板线性回归模型检验结果显示面板 GLS 修正模型结果最优，西部地区的面板线性回归检验结果显示混合回归模型结果最优。所以，我们在表 6–14 中仅报告东部地区的系统 GMM 模型结果，中部地区的面板 GLS 修正模型结果，西部地区的混合回归模型结果。

表 6–14　区域异质性分析

	东部地区	中部地区	西部地区
dig	0.8094** （0.40）	0.7931*** （0.20）	0.2599** （0.11）
urban	−0.3307 （3.94）	0.0217 （0.55）	0.1341 （0.31）
In *pcgdp*	0.0992 （0.57）	−0.2284** （0.13）	−0.0849 （0.06）
open	−0.1923 （0.41）	−0.7909*** （0.28）	0.0716 （0.08）
In *edu*	−1.3086*** （0.20）	0.2560 （0.19）	−0.0104 （0.03）
_cons	9.7446*** （3.67）	1.3821* （0.80）	1.8879*** （0.62）
样本量	66	48	66

注：***、**、* 分别表示在 1%、5%、10% 水平下显著，括号内为估计标准误。

从表 6–14 的估计结果来看，东部地区数字经济发展水平对流通效率有正向影响，即数字经济对流通效率整体上存在提升和促进作用。具体而言：数字经济发展水平对流通效率的影响程度较高，在 5% 的水平上显著，作用力水平为 0.8094，表明数字经济发展水平每增加 1，流通效率增加 0.8094。考虑控制变量，城镇化水平对流通效率指数存在负向的作用力，作用系数达到 −0.3307，但不显著；经济发展水平对流通效率指数存在正向的作用力，作用系数为 0.0992，但不显著；对外开放水平对流通效率指数存在负向的作用力，作用系数为 −0.1923，但不显著；人力资本水平对流通效率指数存在负向影响，但影响系数仅为 –1.3086，且不显著。

从表 6-14 的估计结果来看，中部地区数字经济发展水平对流通效率有正向影响，即数字经济对流通效率整体上存在提升和促进作用。具体而言：中部地区数字经济对流通效率影响作用系数为 0.7931，在 1% 水平上显著，表明数字经济发展水平每增加 1，流通效率增加 0.7931。考虑控制变量，城镇化水平对流通效率指数存在正向的作用力，作用系数为 0.0217，但不显著；经济发展水平对流通效率指数存在负向的作用力，作用系数为 –0.2284，且在 5% 水平上显著；对外开放水平对流通效率指数存在负向影响，影响系数为 –0.7909，且在 1% 水平上显著；人力资本水平对流通效率指数存在负向影响，影响系数为 0.2560，但不显著。

从表 6-14 的估计结果来看，西部地区数字经济发展水平对流通效率有正向影响，即数字经济对流通效率整体上存在提升和促进作用。具体如下：西部地区数字经济对流通效率影响作用系数达到 0.2599，表明数字经济发展水平每增加 1，流通效率增加 0.2599。考虑控制变量，城镇化水平对流通效率指数存在正向的作用力，作用系数达到 0.1341，但不显著；经济发展水平对流通效率指数存在负向的作用力，作用系数为 –0.0849，但不显著；对外开放水平对流通效率指数存在正向影响，影响系数为 0.0716，但不显著；人力资本水平对流通效率指数存在负向影响，影响系数为 –0.0104，但不显著。

综上所述，数字经济对我国东部、中部和西部地区流通效率都具有正向影响，同时影响程度存在差异性。具体而言：东部地区数字经济显著影响流通效率，且作用力较高，面板线性回归估计系数达到 0.8094；中部地区数字经济对流通效率也具有较高程度的影响，作用系数在面板线性回归估计中达到 0.7931。即在 2014—2019 年间，东部和中部地区大概率能实现数字经济对流通效率的高程度积极影响。西部地区数字经济对流通效率也具有正向影响，但作用程度相对较低，作用系数仅为 0.2599，与东、中部地区仍存在一定的差距。

从区域层面来看，东部和中部地区具有信息基础设施相对完善、数字化发展观念和环境相对开放、经济较为发达等特征，数字经济促进流通效率变革的硬件设施和软件条件比较完善，能够更好地实现数字经济显著驱动流通效率提升。而西部地区，受地理位置、市场环境、基础设施、资源禀赋等因素制约，技术创新能力不足，数字经济发展水平、基础设施建设水平、人力资本水平等都有待提升，在较低的数字经济发展水平下，数字经济对流通效率的影响较小，但未来还有很大的发展空间。

（二）异质性分析Ⅱ：行业异质性

基于前文我国对流通效率研究范围的界定，根据我国最新的《国民经济行业分类（2017）》，参考祝合良（2018）、王春豪和袁菊（2019）、张弘和昝杨杨（2020）对流通业范围的界定，结合考虑流通业各细分行业的流通效率和受数字经济影响程度存在差异，本部分对流通业各细分行业的流通效率的异质性进行分析。

本部分将各行业的人力投入与资本投入作为其所在行业的投入指标，考虑数据的可得性，用住宿和餐饮业与交通运输、仓储和邮政业指数两大部分的产业增加值表示其产出指标，用"批发和零售业"的产业增加值和社会消费品零售总额作为其产出指标，利用 DEA-Malmquist 指数法分别测度三个行业的流通效率，结果发现，住宿和餐饮业的全要素生产率平均值最大，达到 1.0873，批发和零售业的全要素生产率平均值为 1.0858，交通运输、仓储和邮政业的全要素生产率平均值为 0.9268。因此，本部分继续考察数字经济影响流通业各行业流通效率增长的异质性表现，根据前文模型有效性和稳健性的检验结果，利用动态面板系统 GMM 估计方法、面板修正模型 GLS 和 PCSE 模型进行检验，估计结果如表 6-15 所示。

由于篇幅限制，在模型有效性和稳健性检验中，批发和零售业的面板线性回归模型检验结果显示面板 GLS 修正模型结果最优，住宿和餐饮业的面板线性回归模型检验结果显示系统 GMM 模型结果最优，交通运输、仓储和邮政业的面板线性回归检验结果显示面板 PCSE 修正模型结果最优。所以，我们在表 6-15 中仅报告批发和零售业的面板 GLS 修正模型结果，住宿和餐饮业的系统 GMM 模型结果，交通运输、仓储和邮政业的面板 PCSE 修正模型结果。

表 6-15 流通业各细分行业异质性分析

	批发和零售业	住宿和餐饮业	交通运输、仓储和邮政业
dig	4.5325* （2.79）	0.8521*** （0.36）	0.1851* （0.11）
urban	0.6271 （4.60）	−0.7642 （0.70）	−0.3342 （0.46）
In *pcgdp*	−0.7379* （0.54）	−0.2588** （0.14）	−0.0656 （0.06）
open	−2.9349** （1.28）	0.6645*** （0.26）	−0.0848 （0.12）
In *edu*	1.1777 （0.92）	−0.1276 （0.22）	0.0649*** （0.03）
_cons		5.2347*** （1.45）	1.1895** （0.55）
样本量	180	180	180

注：***、**、* 分别表示在 1%、5%、10% 水平下显著，括号内为估计标准误。

从表 6-15 的估计结果来看，数字经济发展水平对批发和零售业流通效率有正向影响，即数字经济对批发和零售业流通效率整体上存在提升和促进作用。具体而言，数字经济对批发和零售业流通效率影响作用系数为 4.5325，在 10% 水平上显著，表明数字经济发展水平每增加 1，批发和零售业流通效率增加 4.5325。考虑控制变量，城镇化水平对批发和零售业流通效率存在正向的作用力，作用系数为 0.6271，但不显著；经济发展水平对批发和零售业流通效率存在负向的作用力，作用系数为 −0.7379，但不显著；对外开放水平对批发和零售业流通效率存在负向影响，影响系数为 −2.9349；人力资本水平对批发和零售业流通效率存在正向影响，影响系数为 1.1777，但不显著。

从表 6-15 的估计结果来看，数字经济发展水平对住宿和餐饮业流通效率有正向影响，即数字经济对住宿和餐饮业流通效率整体上存在提升和促进作用。具体而言，数字经济对住宿和餐饮业流通效率影响作用系数为 0.8521，在 1% 水平上显著，表明数字经济发展水平每增加 1，住宿和餐饮业流通效率增加 0.8521。考虑控制变量，城镇化水平对住宿和餐饮业流通效率存在负向的作用力，作用系数为 −0.7642，但不显著；经济发展水平对住宿和餐饮业流通效率存在负向的作用力，作用系数为 –0.2588，且在 5% 水平上显著；对外开放水平对住宿和餐饮业流通效率存在正向影响，在 1% 水平上显著，影响系数为 0.6645；人力资本水平对住宿和餐饮业流通效率存在负向影响，影响系数为 –0.1276，但不显著。

从表 6–15 的估计结果来看，数字经济对交通运输、仓储和邮政业流通效率整体上存在提升和促进作用。具体而言，数字经济对交通运输、仓储和邮政业流通效率影响作用系数为 0.1851，在 10% 水平上显著，表明数字经济发展水平每增加 1，住宿和餐饮业流通效率增加 0.1851。考虑控制变量，城镇化水平对交通运输、仓储和邮政业流通效率存在负向的作用力，作用系数为 –0.3342，但不显著；经济发展水平对交通运输、仓储和邮政业流通效率存在负向的作用力，作用系数为 –0.0656，但不显著；对外开放水平对交通运输、仓储和邮政业流通效率存在负向影响，影响系数为 –0.0848，但不显著；人力资本水平对交通运输、仓储和邮政业流通效率影响系数为 0.0649，在 1% 的水平上显著。

综上所述，数字经济对批发和零售业、住宿和餐饮业以及交通运输、仓储和邮政业流通效率都具有正向影响，同时影响程度存在差异，具体而言：数字经济驱动批发和零售业的流通效率提升作用程度最高，面板线性回归结果达到 4.5325，在 10% 水平上显著，主要原因在于技术进步是流通效率提升的关键，而测算发现批发和零售业的技术进步指数相对较高，数字经济通过内生技术要素和外生技术要素共同促进住宿和餐饮业的技术进步，从而提升其流通效率；数字经济对住宿和餐饮业的流通效率促进作用也比较明显，线性回归结果达到 0.8521，在 1% 水平上显著；数字经济驱动交通运输、仓储和邮政业流通效率提升的作用力达到 0.1851，在 10% 水平上显著。即在 2014—2019 年间，数字经济的不断发展对三大流通业细分行业的效率都产生了积极影响。

六、数字经济驱动流通业中华老字号企业效率提升效应

（一）研究背景

加强自主品牌建设已上升到国家战略的高度，国家大力弘扬中华民族品牌。中华老字号品牌作为中华民族品牌的代表，具有经济和文化的双重

价值。2006年，商务部开启"振兴老字号工程"。截至2016年，商务部认定的1128家"中华老字号"中仅有20%~30%发展较好。2016年5月，习近平总书记到黑龙江视察指导工作，提出"改造升级'老字号'，深度开发'原字号'，培育壮大'新字号'"，为中华老字号传承和创新指明了发展方向。数字经济驱动产业数字化转型。新冠疫情加速了企业线上化与数字化的渗透。部分流通业中华老字号企业利用数字经济新优势，积极探索通过自建线上平台、入驻第三方电商平台等线上渠道提升企业效率。商务部流通产业促进中心数据显示，截至2018年底，商务部认定的1128家中华老字号企业中建立了线上渠道的老字号企业占比为74.1%。《2019"新国货"消费趋势报告》指出，2019年消费者通过线上选购老字号品牌商品数量较2018年同比增长60%。

学术界研究发现技术对企业效率具有正向影响（Moreno，2008；杨波，2012）。数字经济背景下，多渠道策略对流通企业效率提升具有促进作用（Mehra et al. 2017；黄漫宇等，2017；雷蕾，2018）。数字经济背景下，中华老字号企业研究主要集中于路径与对策研究（李富，2020；马赛等，2020；杨波，2012），缺乏针对线上多渠道策略对流通业中华老字号企业效率作用的研究。

因此，本部分在分析多渠道策略提升流通业中华老字号企业效率理论的基础上，以2013—2018年流通业中华老字号上市公司为研究样本，运用DEA-BCC模型和Malmquist生产率指数从动态和静态两方面探讨不同线上渠道策略对流通业中华老字号企业效率的异质性效应，以期为流通业中华老字号企业制定多渠道策略提供理论依据，促进流通业中华老字号企业效率提升与数字化转型升级。

（二）流通业中华老字号企业效率提升的理论分析

1. 线上多渠道策略比单渠道策略更有助于提升流通业中华老字号企业效率

一是线上多渠道策略能够满足消费需求。罗珉等（2015）提出消费者逐渐成为市场中心，消费需求在社会再生产中地位和重要性提升，需求导向正逐渐替代过去生产导向成为主流的商业模式。数字经济使实体空间碎片化、分散化、小众化需求由于虚拟空间的聚集产生规模效应和协同效应，互联网双边市场效应为企业消费数据积累、分析等提供了支撑。田红彬等（2021）指出数字化经营和"全渠道"协同效应提升企业运营效率和周转效率。数字经济背景下，流通业中华老字号企业利用互联网、云计算、大数据、人工智能等数字化技术，通过线上多渠道发展策略直接面对消费者，全面打通消费者接触点，高效接收消费者信息，积累海量的消费者数据信息，降低消费者搜索成本和时间成本，满足消费者个性化、多元化的需求，提升消费者的忠诚度。

二是线上多渠道策略能够拓展市场空间，降低流通费用。孙国强等（2021）发现网络组织与数字类资源融合推动企业网络数字化转型。流通业中华老字号企业的市场空间由于受到线下时空的限制，大部分只能发展成区域型企业。数字经济背景下，流通业中华老字号企业依托互联网、大数据、人工智能等数字技术打破商品生产和消费之间的时空矛盾，降低生产和消费之间的信息不对称，通过线上多渠道策略避免传统企业在空间上的局限性，更有效地扩大市场空间、拓宽组织边界、减少流通环节、降低流通费用、提升流通效率，实现规模经济和范围经济，从而提升流通业中华老字号企业的技术效率，如张弓酒业运用多种数字技术大力发展线上销售渠道。

2. 入驻第三方电商平台比自建线上平台更有助于提升流通业中华老字号静态技术效率

数字经济背景下，"互联网+"商业模式具有多重竞争优势。郝身永指出互联网拥有以数量庞大、极富黏性的潜在客户为基础的渠道优势，利用互联网技术可以有效集聚差异化需求形成长尾效应优势，从而利用大数据进行精准化营销。从短期静态看，流通业中华老字号企业通过入驻第三方电商平台可以借助虚拟空间、通畅的信息沟通渠道、大数据挖掘跟踪消费者个性化、分散化需求，精准挖掘消费需求，形成长尾经济。与自建线上平台相比，入驻第三方电商平台，人力、财力和物力投入较小，依托平台的品牌影响力和流量扩大销售，风险和不确定性较低，短期内投资回报率高。

3. 自建线上平台比入驻第三方电商平台更有助于提升流通业中华老字号动态全要素生产率

以数字经济驱动的技术创新、组织制度革新等提高了流通业全要素生产率，促进了流通企业可持续发展。数字平台为大数据挖掘提供了基础条件，成为驱动市场高效资源配置的核心要素。从长期动态来看，流通业中华老字号企业通过自建线上平台，更有利于与消费者构建长期动态的紧密关系；搭建大数据分析平台，结合业务场景强化数据分析能力，构建对企业自身有价值的数据体系，实现海量流动的消费数据整合共享，形成适合企业未来发展的运营体系和大数据资源库；通过大数据挖掘提前预测消费需求，缩短商品从生产到消费的流通时间，加速商品更新迭代，提升消费频率；整合物流链、供应链、服务链，发挥需求识别、引导生成的联动机制，促进供需匹配直至联动再生产资源配置；以数据驱动企业产品研发创新，从推式到拉动重构供应链由垂直的线性供应链向虚拟化、动态化的网络供应链演进，建立需求驱动的预测、采购、库存、运输、配送全链路的数字化供应链体系；构建柔性供给机制，实现服务价值增值，获得可持续发展的企业核心竞争优势。

（三）研究方法

数据包络分析简称 DEA，是一种非参数方法，它免去了用参数来规定生产前沿函数，直接测度观察单元与生产前沿的间距来说明效率问题。若某个观察单元与生产前沿面距离较小，则说明效率值较高，反之则说明效率值较低。本部分运用 DEAP2.1 软件，采用 DEA-BCC 模型、DEA-Malmquist 模型从静态和动态两方面分别对流通业中华老字号企业的技术效率和全要素效率开展研究。第一，由于我国流通业中华老字号企业增长潜力和发展空间较大，因此采用基于规模报酬可变的 DEA-BCC 模型对流通业中华老字号企业技术效率进行测度，从而得到流通业中华老字号企业的技术效率，以及纯技术效率和规模效率分解情况。第二，引入 Malmquist 指数法分析全要素生产率动态变化，将全要素生产率指数分为技术效率变化指数和技术进步指数。规模、技术效率以及技术变化大于 1，代表生产经营规模、管理水平提高以及生产技术的进入带来了效率的提高。规模、技术效率以及技术变化小于 1，代表生产经营规模、管理水平提高以及生产技术的进入带来了效率的降低。

（四）样本选取与资料来源

一是中华老字号企业地区和行业分布。截至 2018 年，全国共有 1128 家经商务部认定的中华老字号企业，分布于全国 30 个省份（除西藏自治区外），上海、江苏、浙江、山东、天津、广东六个东部沿海省份中华老字号数量均超过 50 家；行业主要分为流通业、医药行业、加工制造业三大类，分别占比 82.8%、11% 和 6.2%。流通业中，食品行业 335 家，占比 29.7%；住宿和餐饮业 210 家，占比 18.6%；酒类行业 142 家，占比 12.6%；居民服务行业 95 家，占比 8.4%；服饰鞋帽行业 65 家，占比 5.8%；零售业 51 家，占比 4.5%；茶叶行业 36 家，占比 3.2%；医药行业 124 家，占比 11%；加工制造业 70 家，占比 6.2%[①]。

二是研究样本选取。根据商务部《中华老字号企业名录》，结合 A 股上市公司企业名单，通过 VLOOKUP 函数进行数据匹配得出，截至 2018 年，A 股市场共有 78 家中华老字号上市公司。依据商务部发布的《流通产业改革发展纲要》，本部分研究的流通业主要包括批发业、零售业、物流业、餐饮业及居民服务业。基于企业代表性、数据可获得性、数据完备性、行业典型性原则，选取 2013—2018 年 46 家流通业中华老字号上市公司为研究样本，具体如下：第一，代表性。中华老字号上市公司在中华老字号企业中规模较大、实力较强。2018 年 A 股市场 78 家中华老字号上市公司营业收入均超过亿元，实现总营业收入 9458.8 亿元，实现净利润 997.4 亿元。第二，数据可获得性。中华老字号上市公司每年披露的数据指标相对较为齐全，通过官方渠道容易获得。第三，数据完备性。根据 Wind 数据库、中华老字号上市公司年报及官方网站，剔除近五年数据不健全的 4 家中华老字号上市公司，最后得出 2013—2018 年 46 家流通业中华老字号上市公司。第四，行业典型性。流通业中华老字号在中华老字号企业占比达 82.8%。因此，本部分选取 46 家流通业中华老字号上市公司进行实证分析，如表 6-16 所示。

---

① 资料来源：商务部官网。

表 6-16 流通业中华老字号上市公司线上渠道分布情况（2013—2018 年）

策略类型		企业数量 / 家	占比 /%
多渠道		28	60.87
单渠道	自建线上平台	11	23.91
	入驻第三方电商平台	7	15.22

（五）指标设定

目前，学界对企业效率投入产出指标的选择并不固定。本部分采用频度统计法对现有文献研究成果进行分析，以零售业上市公司投入产出指标的选择为重点参考，结合流通业中华老字号企业特质，构建流通业中华老字号投入与产出指标体系，将总营业收入、净利润作为产出指标，总资产、总营业支出作为投入指标。流通业中华老字号上市公司原始数据存在负产出，导致无法直接在 DEAP 软件中求解。因此，本部分借鉴沈江建等（2015）的方法对流通业中华老字号上市公司投入产出数据进行无量纲处理。

$$Z_{ij}^{'} = 0.1 + \frac{Z_{ij} - b_j}{a - b} \times 0.9 \qquad （式 6-9）$$

其中，a_j 和 b_j 分别是第 j 项指标的最大值和最小值。

（六）实证结果与分析

1. 基于 DEA-BCC 模型的流通业中华老字号上市公司静态技术效率分析

一是流通业中华老字号上市公司技术效率。如表 6-17 所示，2013—2018 年，46 家流通业中华老字号上市公司技术效率平均值为 0.889，表明在维持产出不变的情况下，流通业中华老字号上市公司仍然有 11.1% 的投入节省空间，技术效率分解为纯技术效率和规模效率，规模效率对技术效率的贡献要高于纯技术效率。2013—2018 年，纯技术效率平均值为 0.936，表明流通业中华老字号上市公司在技术上仍然需要进行较大的投入以增加企业的经营水准；规模效率平均值为 0.949，表明流通业中华老字号上市公司发展存在盲目扩张现象，其规模效率有待提高。具体而言，46 家流通业中华老字号企业中仅有老凤祥和贵州茅台两家流通业中华老字号上市公司技术效率、技术效率、规模效率均为 1，达到 DEA 有效。可见，由于数字技术应用不足、数字化人才体系比较缺乏、数字化营销投入不足等原因，加之房租和人工成本上涨，实体门店连锁化经营规模优势降低，大多数流通业中华老字号上市公司技术效率均未达到理想状态。

表 6-17　流通业中华老字号上市公司技术效率平均值及分解（2013—2018 年）

指数名称	2013 年	2014 年	2015 年	2016 年	2017 年	2018 年	平均值
技术效率	0.877	0.883	0.890	0.896	0.879	0.906	0.889
纯技术效率	0.932	0.929	0.941	0.950	0.933	0.929	0.936
规模效率	0.941	0.949	0.946	0.942	0.941	0.975	0.949

二是线上多渠道策略比单渠道策略更有利于提升流通业中华老字号上市公司的技术效率。如表 6-18 所示，2013—2018 年，28 家线上多渠道发展的流通业中华老字号上市公司技术效率平均值为 0.893，18 家线上单渠道发展的流通业中华老字号上市公司技术效率平均值为 0.882，表明线上多渠道策略比单渠道策略更有利于提升流通业中华老字号上市公司的技术效率。原因在于，线上多渠道策略的流通业中华老字号上市公司更容易突破时空限制，整合线上线下优势，提高资源利用效率，满足消费者随时随地购物需求，提高购物的便捷性和体验性。

表 6-18　线上多渠道与单渠道流通业中华老字号上市公司技术效率
平均值及分解（2013—2018 年）

策略类型	指数名称	2013 年	2014 年	2015 年	2016 年	2017 年	2018 年	平均值
多渠道	技术效率	0.885	0.892	0.895	0.897	0.883	0.906	0.893
	纯技术效率	0.933	0.934	0.942	0.949	0.933	0.927	0.936
	规模效率	0.948	0.954	0.950	0.945	0.945	0.978	0.953
单渠道	技术效率	0.866	0.869	0.882	0.893	0.874	0.905	0.882
	纯技术效率	0.931	0.922	0.939	0.952	0.934	0.931	0.935
	规模效率	0.930	0.941	0.939	0.937	0.935	0.971	0.942

三是入驻第三方电商平台比自建线上平台更有利于提升流通业中华老字号上市公司的技术效率。如表 6-19 所示，2013—2018 年，入驻第三方电商平台的流通业中华老字号上市公司技术效率平均值为 0.895，自建线

上平台的流通业中华老字号上市公司技术效率平均值为 0.873。研究表明，从静态看，入驻第三方电商平台比自建线上平台更有利于提升流通业中华老字号上市公司的技术效率。

表 6-19 入驻第三方电商平台比自建线上平台流通业中华老字号上市公司技术效率平均值及其分解（2013—2018 年）

策略类型	指数名称	2013 年	2014 年	2015 年	2016 年	2017 年	2018 年	平均值
自建线上平台	技术效率	0.850	0.871	0.875	0.875	0.866	0.902	0.873
	纯技术效率	0.929	0.930	0.946	0.951	0.938	0.935	0.938
	规模效率	0.915	0.936	0.925	0.920	0.924	0.964	0.931
入驻第三方电商平台	技术效率	0.892	0.867	0.893	0.921	0.886	0.910	0.895
	纯技术效率	0.934	0.909	0.929	0.953	0.928	0.926	0.930
	规模效率	0.953	0.950	0.960	0.964	0.952	0.982	0.960

2. 基于 Malmquist 指数法的流通业中华老字号上市公司的动态全要素生产率分析

一是流通业中华老字号上市公司全要素生产率指数。如表 6-20 所示，2013—2018 年，46 家流通业中华老字号上市公司的全要素生产率指数变化为 1.314，表明 5 年间流通业中华老字号上市公司的全要素生产率指数提高了 31.4%。技术进步指数 5 年间值为 1.179，表示技术效率在 5 年间增长了 17.9%，成为流通业中华老字号上市公司全要素生产率增长的主要源泉。流通业中华老字号上市公司主动积极利用数字技术新优势，通过大数据、云计算、区块链、人工智能等数字技术改进和创新，提高企业技术水平，推动了流通业中华老字号上市公司服务升级，提高了流通业中华老字号企业效率。2013—2018 年，纯技术效率指数为 1.062，即这 5 年间，纯粹的技术因素对全要素生产率的增长做出了 6.2% 的贡献。规模效率指数为 1.049，表明流通业中华老字号上市公司的规模效率 5 年之间提高了 4.9%。但从各年的规模效率来看，2013—2018 年，中华老字号上市公司的规模效率呈波动趋势，反映了中华老字号上市公司不能简单靠连锁经营或兼并重组实现规模化，要根据市场情况随时做出战略调整。

表 6-20 流通业中华老字号上市公司整体 Malmquist 指数变化及其分解

年份	技术效率变化指数	技术进步指数	纯技术效率变化指数	规模效率变化指数	全要素生产率指数
2013—2014 年	1.055	0.989	1.025	1.030	1.044
2014—2015 年	1.046	0.935	1.032	1.014	0.978
2015—2016 年	0.955	1.106	0.968	0.987	1.057
2016—2017 年	1.027	0.975	1.025	1.002	1.003
2017—2018 年	1.016	0.953	1.006	1.010	0.968
2013—2018 年	1.115	1.179	1.062	1.049	1.314

二是线上多渠道策略比单渠道策略更有利于提升流通业中华老字号上市公司全要素生产率。如表 6-21 所示，2013—2018 年，28 家多渠道发展的流通业中华老字号上市公司全要素生产率指数变化为 1.332，18 家单渠道发展的流通业中华老字号上市公司全要素生产率指数变化为 1.324，表明线上多渠道策略比单渠道策略更有利于提升流通业中华老字号上市公司全要素生产率。原因在于，线上多渠道策略的流通业中华老字号上市公司可以利用多渠道收集消费者信息，提高企业资源利用效率，从而达到供需精准匹配，精准化满足消费者的需求。

表 6-21 线上多渠道与单渠道流通业中华老字号上市公司具体
Malmquist 指数变化及其分解 (2013—2018 年)

策略类型	技术效率变化指数平均值	技术进步指数平均值	纯技术效率变化指数平均值	规模效率变化指数平均值	全要素生产率指数变化
多渠道策略	1.108	1.203	1.055	1.051	1.332
单渠道	1.134	1.169	1.081	1.050	1.324

三是自建线上平台比入驻第三方电商平台更有利于提升中华老字号上市公司全要素生产率。如表 6-22 所示，2013—2018 年，自建线上平台和入驻第三方电商平台的流通业中华老字号上市公司全要素生产率指数变化分别为 1.348 和 1.287。研究表明，从动态来看，自建线上平台比入驻第三方电商平台更有利于提升中华老字号上市公司全要素生产率。

表 6-22 自建线上平台比入驻第三方电商平台流通业中华老字号上市公司
具体 Malmquist 指数变化及其分解（2013—2018 年）

策略类型	技术效率变化指数平均值	技术进步指数平均值	纯技术效率变化指数平均值	规模效率变化指数平均值	全要素生产率指数变化
自建线上平台	1.153	1.171	1.095	1.054	1.348
入驻第三方电商平台	1.105	1.164	1.060	1.045	1.287

综上所述，在分析数字经济背景下线上多渠道策略提升流通业中华老字号企业效率理论的基础上，以 2013—2018 年 46 家流通业中华老字号上市公司为研究样本，运用 DEA-BCC 模型、Malmquist 生产率指数分别从静态和动态两方面对流通业中华老字号上市公司技术效率和全要素生产率进行分析，得到以下结论：第一，从静态来看，线上多渠道策略比单渠道策略更有利于提升流通业中华老字号上市公司的技术效率，入驻第三方电商平台比自建线上平台更有利于提升流通业中华老字号上市公司的技术效率。第二，从动态来看，线上多渠道策略比单渠道策略更有利于提升流通业中华老字号上市公司的全要素生产率，自建线上平台比入驻第三方电商平台更有利于提升中华老字号上市公司的全要素生产率。

（七）数字经济驱动流通业中华老字号企业效率提升对策建议

在对数字经济背景下线上多渠道策略提升流通业中华老字号企业效率的理论与实证分析的基础上，本部分提出流通业中华老字号企业应当制定数字化转型战略，加大对信息技术、资金、人才等方面的数字化投入，积极探索自建线上平台和入驻第三方电商平台的线上多渠道发展策略，发挥各渠道优势，促进企业效率提升。

第一，积极入驻第三方电商平台。流通业中华老字号企业应当积极入驻第三方电商平台，开展数字驱动下的精准化营销。一是鼓励流通业中华老字号企业与知名的电子商务平台合作，面向消费者提供各类线上个性化、定制化服务，包括在线预订、"网订店取"（送）等，实现与消费者的实时互动。二是鼓励流通业中华老字号应用微博、微信等新媒体，与消费者互动，进行产品宣传，传播流通业中华老字号品牌历史和商业文化。同时，借助数字智能技术，实现对各业务单元实时的数据采集，进而实现对线上店铺、线下门店、商品组货、采购生产的协同管理，优化流通和服务流程，挖掘企业最大效益。三是开展数据驱动下的按需采购、个性定制、柔性制造和提供场景式消费体验服务，通过大数据手段发掘品牌新的细分用户人群，提供精准的市场营销方向。

第二，自建线上平台。流通业中华老字号企业应当以数字化驱动整合资源，自建线上平台，构建数字化运营体系。一是整合消费需求、数据资源、供应链物流资源，实现零售终端的数字化和现代信息化，最大限度地发掘企业数字化转型的巨大价值，构建线上多渠道网络。二是依托大数据及物联网等数字技术，以消费者为核心，自建线上平台，强化自身数据处理、分析及应用能力，提高业务敏捷性和响应能力，高效实时地利用好用户数据，提升自身对消费需求的把控，准确预测消费者需求，实践数据驱动下的业务变革，不断优化成本和提升效率。三是成立数字化组织机制，构建数字化运营体系，通过数字化流程管理，使业务方式协调一致，支撑业务的规模化发展与知识整合，促进资源的有效利用与对业务趋势的把握，便于组织以最能满足其业务目标的方式引进新技术，实现集中管控、协同一体、智慧运营、快速扩张，最大限度地发挥线上多渠道在拉动业务销售、提供贴心服务、提升品牌价值中的作用。

第二节　数字经济驱动现代流通业变革的动力体系

在前文数字经济驱动现代流通业变革的动力机制基础上，本部分采用多案例方法构建数字经济驱动我国现代流通业变革的动力体系，为后文提出我国发展数字经济驱动现代流通业变革的政策建议提供支撑。

一、多案例研究方法

基于数字经济驱动现代流通业变革的动力机制，本部分聚焦探讨数字经济驱动我国现代流通业变革的动力体系，多案例研究方法适合于探究此类问题，理由如下：一是解释现实现象。多案例研究方法主要探究现象的原因，以及"怎么样"的问题，适用于研究过程型问题和机理型问题。本部分的目的在于探索数字经济如何驱动现代流通业变革，因此案例研究方法适用于研究此类问题,有利于阐述数字经济驱动现代流通业变革这一类实践现象。二是归纳提炼理论观点。每个流通企业都有各自独特的特点,这也属于流通实践中涌现的新现象和新趋势,归纳式的多案例研究更利于从质性数据中挖掘现象背后的潜在规律,构建理论观点,深入理解实践新现象。三是定性阐述动态特质。目前数字经济驱动我国现代流通业变革还处于动态发展阶段,理论研究还较为缺乏,实践中已经进行了初步尝试,但尚未形成完备的数据以进行定量分析。多案例研究适合剖析数字经济驱动现代流通业变革的复杂过程,从而定型阐述客观的动力体系。综上所述,鉴于流通企业的多样性,需要多维度对比分析,因此相对于单案例研究,本部分更适宜通过多案例研究方法剖析不同案例企业的共性与差异,从不同角度归纳提炼数字经济驱动我国现代流通业变革的要素,定性阐述数字经济驱动我国现代流通业变革的动力体系。

二、案例选择与数据处理

艾特哈特等(Eisenhardt et al., 2007)指出,多案例研究最合理的案例样本数量为四到八家,并且案例要具备一定的代表性、启发性和可获得性。因此,本部分根据数字经济驱动流通变革的研究主题命题,选择京东、阿里巴巴、美团、拼多多、物美、苏宁、天虹、超市发八家流通企业进行多案例分析。一是在代表性方面,本部分选择数字原生的流通标杆企业和传统流通企业两种代表性流通业企业,其中数字原生的流通标杆企业选择京东、阿里巴巴、美团、拼多多四家企业,传统流通企业选择物美、苏宁、天虹、超市发四家企业。二是在启发性方面,本部分的案例选择考虑到不同类型的流通企业在动力体系上的差异,因此通过多案例进行多维度对比分析,可以对数字经济驱动我国现代流通业变革的研究具有一定的启发性。三是在可获得性方面,本部分在选择案例企业时还考虑了企业信息、数据等是否可以取得,数据信息是否具有延续性、准确性,从而提高研究的信度和效度。样本的描述性信息如表6-23所示。

表 6-23 案例基本信息及选择依据

序号	企业	成立时间	企业性质	选择依据	所属领域	数字经济驱动企业效率变革历程
1	京东	1998年	民营	数字原生的流通标杆企业	电商平台	2004年转型线上电商业务，运营电子商务网站"京东多媒体网"；2008年京东商城扩充大家电产品线，搭建全线信息家电产品；2010年第三方卖家网上零售平台成立；2015年京东上线京东全球购，涉足跨境电商领域
2	阿里巴巴	1999年	民营	数字原生的流通标杆企业	电商平台	1999年阿里巴巴网站上线；2003年推出买卖双方实时网络沟通交流的通信软件"贸易通"；2008年淘宝商城上线；2009年成立通信软件"贸易通"；2008年淘宝商城上线；2009年成立2010年推出移动淘宝平台；2011年"天猫"成立；2013年"all-in无线"战略；2014年成立支付宝母公司蚂蚁集团；2015年推出数字化采购平台零售通，为国内城市社区小店提供服务；2016年盒马鲜生开业；2017年成立"阿里巴巴达摩院"；2019年推出"阿里巴巴商业操作系统"；2020年推进新零售战略
3	美团	2010年	民营	数字原生的流通标杆企业	生活服务电商平台	2012年美团点评成立；2013年推出美团外卖业务；2015年与大众点评网达成战略合作；2016年在支付系统上推出聚合支付，在供应链方面提出解决方案；2017年在生鲜超市上进行创新，推出"小象生鲜"；2019年开拓了美团买菜业务；2020年美团团购平台上线
4	拼多多	2015年	民营	数字原生的流通标杆企业	电商平台	2016年合并"拼好货"，2017年向平台电商模式转型升级，2018年上市，截至2020年底，年成交额（GMV）为16676亿元，年活跃买家数达7.884亿家
5	物美	1994年	民营	传统流通企业数字化转型	连锁超市	2007年上线ERP系统；2014年实体店生鲜区提出电子价签；2015年推出基于全渠道的"多点"零售平台；2017年启动前置仓业务，推出扫码自由购、自助购等数字技术的应用；2018年线上线下融合一体化发展，优化扫码购流程；2020年设立社区提货站，实行无接触配送，实现老年卡、养老助残卡支付，推出拼团业务、团膳业务

续表

序号	企业	成立时间	企业性质	选择依据	所属领域	数字经济驱动企业效率变革历程
6	苏宁	1990年	民营	传统流通企业数字化转型	零售平台	1990年苏宁成立；2002年建立全国连锁发展布局；2004年挂牌上市；2010年苏宁易购上线，打造电子商务购物网站；2012年并购"红孩子"，实现电商领域的首次并购；2015年成立消费金融公司；2017年收购天天快递；2020年苏宁易购推出云网万店业务
7	天虹	1985年	国企	传统流通企业数字化转型	购物中心	2013年创新开发首个国内零售业服务号；2015年天虹官方App正式发布，启动"互联网+"战略转型，打造了O2O购物场景；2016年天虹提出"数字化转型战略"；2017年天虹在企业战略层面提出"商品数字化、顾客数字化和门店数字化"；2018年天虹又与腾讯合作设立了"智能零售实验室"
8	超市发	1999年	国企	传统流通企业数字化转型	社区超市	2015年超市发App上线；2016年推出二维码食品安全管控；2018年超市发推出无人货柜、微信电子会员；2019年推出智慧屏；2020年超市发发"鲜到家"微店上线，推出社区团购服务，智能提货柜实现无接触到店提货

资料来源：作者整理。

本部分采用实地调研、访谈（座谈）、网络媒体、文献搜集等多种渠道收集数据。一是本人多次实地调研，通过企业提供的客观数据和自身的主观体验，深入了解案例企业情况。二是本人制定访谈（座谈）提纲，先后对案例企业总经理、部门负责人、业务人员等进行了非结构式访谈（座谈）。三是通过网络对案例企业的媒体新闻、专题访谈等内容进行了收集与整理；通过案例企业官方网站、社交媒体账号、企业内部等渠道获取企业公开资料并进行了系统梳理。四是查阅 CNKI、万方等文献数据库获取企业重要研究资料。本部分遵循"三角验证"原则，对不同渠道收集到的资料进行系统的归纳整理、鉴别核对、交叉验证，建立完备的数据库，提高研究建构效度。

为了保证研究结论的客观性，本部分通过数据的缩减、陈列、验证对八家案例企业的数据进行处理。一是在数据缩减方面，在梳理、筛选与分类原始数据的基础上，简化提炼数据后共同讨论确定编码规则，对简化后的数据进行概念化和初始编码。二是在数据陈列方面，在初始编码的基础上，不断地比较、分析、核对，形成最终编码。三是在数据验证方面，对八家案例企业进行反复验证，从而最终得出研究结论。

表 6-24　案例数据的一级编码

资料来源	数据分类	企业名称							
		京东	阿里巴巴	美团	物美	苏宁	天虹	超市发	拼多多
一手资料	实地调研	A1	B1	C1	D1	E1	F1	G1	H1
	访谈（座谈）	A2	B2	C2	D2	E2	F2	G2	H2
一手资料	网络媒体资料	a1	b1	c1	d1	e1	f1	g1	h1
	企业官方资料	a2	b2	c2	d2	e2	f2	g2	h2
	文献搜集资料	a3	b3	c3	d3	e3	f3	g3	h3

资料来源：作者整理。

三、数字经济驱动中国流通变革动力体系构建

基于前文中数字经济驱动现代流通业变革的动力机制，本部分从内在推力和外在拉力两方面，通过数字技术赋能、商业模式变革的内在推动和治理模式创新、基础设施支撑的外在拉动，探讨数字经济驱动我国现代流

通业变革的动力体系。

（一）数字技术赋能

流通企业依托人工智能、物联网、区块链、5G、AI 等数字技术，以消费者为核心，构建企业数字化创新能力，打破企业在设备、数据、购买、体验等环节的壁垒，通过实体店铺数字技术应用、线上线下云服务、数字型流通供应链体系，驱动现代流通业变革。本部分认为数字技术赋能主要包括数字层、平台层和应用层三个方面，具体的代表性证据如表 6-25 所示。

表 6-25 数字技术赋能的代表性证据

二级编码	三级编码	代表性证据
数字技术赋能	数字层	建立线上线下全方位、多维度数据档案（c2）
		通过建立商品数据库和会员数据库，大大提升了效率（D1）
		打造京东云数智平台（A1）
		全域打通"数据烟囱"，智能保障数据质量（b3）
		大数据 +BI 数据分析平台"数据魔方"（f1）
		通过人货场大数据分析系统实现精细营销、精准运营（G1）
	平台层	数字化采销平台实现全链条连通（d2）
		搭建"网上天虹"电商平台（F1）
		通过大数据分析决策知识图谱平台实现商户经营数字化(C1)
		通过 B2B 餐饮采购平台提高采购效率、降低采购成本（C1）
	应用层	将大数据应用于消费者行为分析和餐饮企业运营优化，实现营销数字化（c2）
		报表 + 低频静态分析应用 + 智能应用；智能全域营销、智能配补货、动态画像（b3）
		上线"企业微信服务号""天虹微店""微信送礼"等，推出移动端本地生活服务平台"虹领巾"App（F2）
		推出二维码食品安全管控（g1）

资料来源：作者整理。

第一，数字层。数据要素作为数字化变革的新载体，在不同的市场主体之间流通，具有双边网络效应与效用敏感性特征，能够形成多主体联动管理格局。依托数字技术进行数据管理可以挖掘消费者数据、商品数据等的交易价值、信息价值和战略价值，进而提高流通业的经营管理效率。数字层由数据汇聚而成的底层基础设施，流通企业依托数字化技术在数据资源的收集、整理、存储基础上，通过大数据挖掘实现数据的知识化创新赋能，从而驱动现代流通业变革。如美团创新开发的餐厅管理系统将美团的实体餐厅、美团线上平台、大众点评三个平台整合起来，从而将实体餐厅的线下数据与线上平台的数据集成起来，构建了一个全方位、全流程、多维度的数据库。物美从商品和会员两个方面构建全面的数据库，实现了基于会员大数据分析的精准营销、基于商品大数据分析的采购促销，促进了线上线下全业务流程融合，提高了企业运营效率和交易效率。超市发通过人货场大数据分析系统，实现内容秒级推送的精准营销和精益运营。京东云数智平台将京东电商的线上数据、京东云运营数据、第三方权威分析数据整合到一个统一的平台，将大数据分析的结果应用于企业的商品精准营销、企业业务智能运维、企业云端政务处理等，实现了企业效率的提升。天虹大数据+BI数据分析平台，通过大数据分析消费者的购买行为，构建消费者画像，多渠道实时整合数据信息，实现精准营销和决策优化。阿里巴巴全域打通"数据烟囱"，智能保障数据质量。

第二，平台层。流通企业依托大数据、物联网、云计算等数字技术，搭建集信息共享、购物体验、文化休闲、生活服务于一体的流通业数字化平台，解决流通业中面临的问题，驱动现代流通业变革。如物美开发了以商品为核心的全覆盖、模块化、协同共享、平台化的数字化采销平台，实现流通企业之间的数据共享。美团创新开发的一个大数据分析决策知识图谱平台"美团大脑大数据平台"，整合消费者信息、商户信息、线上的评价数据、图片，运用数字AI技术充分挖掘分析生活应用场景数据，构建消费者、店铺、商品服务、生活场景之间的知识关联，分析消费者在餐饮各方面的喜好，实现商户经营的数字化，提升企业效率。美团快驴实现企业的直接统一采购，提高平台上商家的采购效率，降低商家的采购成本。天虹组建"网上天虹"团队，搭建"网上天虹"电商平台，发展电商业务。

第三，应用层。流通企业基于数字层和平台层，将数字技术与流通业各业态前端实现紧密连接，实时获取消费者大数据信息，进行大数据分析绘制消费者画像应用于消费者消费行为分析，将消费者从过去的消费者变成"产消者",实现线上线下一体化融合,驱动现代流通业变革(Ramaswamy and ozcan,2018)。如美团点评向消费者免费开放餐饮开放平台,收集商户经营信息、消费者消费信息、线上团购信息、外卖订单信息等,运用大数据分析消费者的行为,实现线上线下一体化的运营优化,提升企业效率。天虹上线"企业微信服务号""天虹微店""微信送礼"等移动应用,推出移动端本地生活服务平台"虹领巾"App,增强消费者体验,提高企业经营效率。阿里巴巴通过报表+低频静态分析应用+智能应用、智能全域营销、智能配补货、动态画像智能化满足消费需求。超市发推出二维码食品安全管控,实现现场制售商品、生鲜日配、商品短保期等预包装商品出厂赋码的有效期管控。

(二)商业模式变革

流通企业以消费者为核心,利用数字技术赋能传统的商业模式变革,创新发展流通业的新业态、新模式、新服务,提高企业的技术效率、规模效率、经营效率,驱动现代流通业变革。本部分认为商业模式变革主要体现在新业态、新模式、新服务三个方面,代表性证据如表 6-26 所示。

表 6-26 商业模式变革的代表性证据

二级编码	三级编码	代表性证据
商业模式变革	新业态	与 XURFACE 超体面合作开设新美业概念店(c2)
		"包装鲜鱼"等"加工菜"系列(d1)
		苏宁易购云店实现 24 小时全品类,推进全场景融合,打通双线产品与服务(e1)
		"超市发鲜到家"线上销售"超之鲜"自有品牌的果蔬商品(g2)
	新模式	"闪购"新模式促消费(c2)
		"多点 App+ 物美"全渠道零售的新模式(D1)
		超市发海中市场转型社区 e 中心(G1)
	新服务	自主研发"智慧餐厅"提供线上线下一体化服务(c2)
		为消费者提供线上线下全场景服务体验(e1)
		推出"新服务"战略(b1)

资料来源:作者整理。

　　第一，新业态。数字经济促进流通业跨业态、多元化、虚实结合发展，智慧服务、定制服务、绿色服务、共享服务、体验服务等新业态的崛起，赋予流通生态更多的灵活性和创新性，挖掘流通业的潜在价值，创造附加价值，从而得到更为丰富的价值回报和价值增值，驱动现代流通业变革。如美团与 XURFACE 超体面合作开设新美业概念店，消费者可以直接在线上完成预约、支付、购买、评价等行为。超市发创新开发"超市发鲜到家"业态，实现了"超之鲜"自有品牌的生鲜蔬菜和水果的线上销售服务。物美超市创新开发鲜鱼净菜等"加工菜"系列产品，为消费者提供创新的服务体验。苏宁易购云店通过数字技术与智能设备，实现全时段、全场景的线上线下一化服务。

　　第二，新模式。数字经济的发展颠覆了传统流通业的发展模式，实现了商业资源的整合与优化、商业规模化发展、商品和服务个性定制、商业企业的共享合作、商业业态的网络化协同，使流通全产业链环节的信息资源得到充分优化与整合，催生和优化了流通业的新模式，创造了大量新型的商业形态，降低了各业态、各环节、各流程的运营成本，促进了现代流通业变革。如美团"闪购"模式通过加强"闪购"平台的传统零售商的商品营销、物流配送、数字科技等，创新构建集全天候、快速送达的快零售业务模式于一体的现代生活卖场场景。超市发通过创新开发海中市场模式，引入联营的生鲜商户、餐饮档口，全方位地满足消费者的购物需求。物美创新开发了多点应用平台，打造"多点 + 物美"的数字化采销平台，实现全渠道、全链条的线上线下融合零售新模式，实现消费场景全域化。超市发海中市场引入生鲜个体户和餐饮，转型社区商业 e 中心，满足消费者一站式购物需求。

　　第三，新服务。数字经济背景下，消费者需求正由产品向服务延伸，流通企业利用数字化技术创新商业服务方式，拓展了流通的时间、空间和范围，满足了消费者的体验服务，驱动了现代流通业变革。美团"智慧餐厅"通过提供线上线下一体化数字服务，推动智慧门店数字化升级。苏宁以消费者为中心，在商品咨询、商品购买、商品服务、商品交易、商品售后等方面构建全方位、全场景服务体验。阿里巴巴推出"新服务"战略，通过服务体系、产品体系、硬件体系的数智化升级，有助于降低商家成本，提高商家效率。

（三）治理模式创新

数字技术通过数据管理、劳动力等要素影响生产效率（Wamba et al.，2017）。治理模式创新是在数字经济背景下流通业建立新的治理模式，驱动现代流通业变革。本部分认为治理模式创新主要体现在数据治理和数字人才两个方面，代表性证据如表 6-27 所示。

表 6-27 治理模式创新的代表性证据

二级编码	三级编码	代表性证据
治理模式创新	数据治理	信任度主动式防御司法服务平台（c3）
		全渠道全链路全场景数字营销解决方案（G2）
	数字人才	发布生活服务行业首个数字化人才标准体系、数字化新职业人才成长体系，建设"互联网＋职业技能提升培训"平台、数字化人才战略联盟（C1）
		由数据和算法驱动决策，仅 6 个月就可以培养出一个合格乃至优秀的店长（c2）
		开设六类职业培训平台（c1）
		数字化经营中心联合天虹商学院开展数字化转型业务培训（f3）
		推出阿里云大学课程平台（B1）

资料来源：作者整理。

第一，数据治理。流通企业通过数字化获得的消费和商品数据具有重要的交易价值、信息价值和战略价值，需要从数据确权、数据安全与保护、数字产权交易、数据跨境流动方面创新数据治理模式。美团开发的信任度、主动式防御司法服务平台，基于区块链技术，提供电子数据上链规则定义、存证报告、出具区块链电子律师函、区块链电子公证书、电子司法鉴定报告、一键生成立案电子证据包、存证内容在线验证等功能，实现数据全链条、阶梯式主动司法防御，保障敏感业务流程的规范化管理，数据跨链存证与北京互联网法院，实现增信背书、快速采信，降低维权成本，提升数字资产的保护能力。超市发开发以消费者为中心，通过单店多屏的智慧屏前端采集数据精细化绑定人货场的场景数据、数据可追溯、实时营销调控，实现全渠道、全链路、全场景的数字营销。

第二，数字人才。人力资本是提升流通效率的重要因素。数字经济时代，数字化的人才是企业发展的核心竞争力。以5G、人工智能、物联网等为核心的数字技术是组织能力的表现，对生产效率产生积极影响，可以为流通业人才提供更高效的行政管理系统、人力资源管理平台和人才教育培训平台，为流通业可持续发展提供人才支撑。数字化人才是数字经济驱动我国现代流通业变革的关键。随着流通业的快速发展，数字化人才规模需求激增，从而推动数字化人才结构性转变。美团大学通过与学校、企业等合作建设"互联网+职业技能提升培训"平台；联合餐饮行业知名企业，共同构建数字化人才战略联盟；通过产学研联合建立数字化新职业人才成长体系，打造全链条成长路径。美团开设数字化的职业培训平台，开发基于线上的数字知识共享平台与线下培训课程。便利蜂通过数据和算法驱动进行人力资源培训与决策，提升了人才培养质量，降低了人力成本。天虹的数字化经营中心联合天虹商学院开展数字化转型的逻辑与数字化转型内容的数字化转型业务培训。阿里云大学课程平台助力数字化、人工智能人才培养及产业实践。

（四）基础保障支撑

数字经济驱动我国现代流通业变革离不开基础保障的支撑。本部分认为基础保障支撑以"数字基础设施"硬实力和"数字管理体系"软保障为基石，代表性证据如表6-28所示。

表 6-28 基础保障支撑的代表性证据

二级编码	三级编码	代表性证据
基础保障支撑	数字基础设施	数据管理平台（DMP）通过用户消费数据沉积形成用户画像，赋能商家，精准营销（h1）
		多点开发人脸识别支付智能购、扫码购核销屏、云货架、AI商品推荐大屏、多点+微信大数据精准营销屏、AI机器人导购员、"多点 × 毫末智行"无人配送车等（D3）
		搭建分钟级、车路协同的物流网络（C3）
		推出数字信用卡，通过聚合收银实现餐厅支付数字化，参与数字货币项目合作（c2）
		通过"金矿系统"和"诸葛大师"对会员数据进行挖掘（e1）

二级编码	三级编码	代表性证据
基础保障支撑	数字管理体系	采用"8150"原则实行扁平化管控模式（A1）
		建立衡量商家运营能力的百分制指标体系（c2）
		天虹零售开发了经营综合管理系统（f1）
		阿里巴巴经历六次组织架构演变，形成数字化组织管理体系（b3）

资料来源：作者整理。

第一，数字基础设施。流通业利用数字经济新优势，通过数字装备、数字物流、数字金融等数字基础设施，支撑现代流通业变革。一是在数字装备方面，流通企业借助数字技术开发了一系列数字装备，实时收集消费者数据。如美团推出智能POS、小白盒等提供收银、支付、排队、预订等环节的一站式服务。物美多点开发数字化基础应用，实现全场景数字化。拼多多数据管理平台（DMP）通过用户消费数据沉积形成用户画像，赋能商家，精准营销。苏宁通过对会员数据进行挖掘，预测消费需求，调整和指导商品经营。二是在数字物流方面，美团搭建分钟级即时配送网络，通过"无人车"实现车路协同。三是在数字金融方面，美团推出无界数字信用卡、"美团生意贷"，通过平台大数据与人工智能技术，为生活服务业小微企业提供金融服务；美团点评与银行合作数字货币项目，应用于美团单车等场景中。

第二，数字管理体系。数字管理体系是在企业数字化转型战略的背景下，依托数字化技术和数字化平台实现企业资源的数字化，打造业务数字化、运营效益数字化和决策数字化的数字管理闭环，赋能员工、智慧协同，支撑现代流通业变革。面对新业态、新模式，无论是传统流通企业，还是数字原生流通企业都需要进行管理的变革与调整，实现集需求分析、数据挖掘、供应体系、营销策略等全渠道于一体化的运营。美团"餐饮新掌柜"计划建立商家运营能力的百分制评价指标体系。京东采用"8150"原则，通过扁平化管控模式，减少了管理层级，提高了组织管理效率。天虹利用数字化技术收集会员信息，通过大数据挖掘制定会员标签，构建会员画像，实现精准营销、业务和财务一体化、全供应链管理、营销和采购融合等功能。阿里巴巴经历六次组织架构演变，最终形成信息技术（IT）部门负责传统的技术支持，业务流程（DT）部门提供数据技术和数字化能力的组织管理体系。

　　因此，本部分在剖析数字经济驱动现代流通业变革动力机制的基础上，基于京东、阿里巴巴、美团、拼多多、物美、苏宁、天虹、超市发八家代表性的流通企业的多案例研究，从内在推力和外在拉力两个方面创新地构建数字经济驱动我国现代流通业变革的动力体系，如图 6-1 所示。

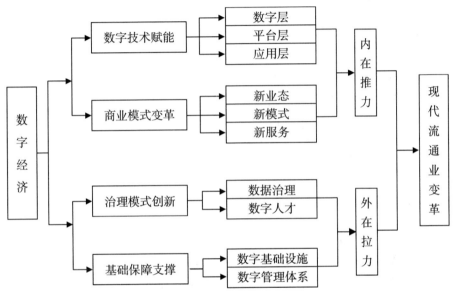

图 6-1　数字经济驱动我国现代流通业变革的动力体系

资料来源：作者整理。

　　综上所述，数字经济驱动现代流通业变革的动力体系包括内在推力体系和外在拉力体系。

　　第一，数字经济驱动现代流通业变革的内在推力体系包括数字技术赋能和商业模式变革。具体而言：一是数字技术赋能包括数字层、平台层、应用层三个层面。二是商业模式变革包括新业态、新模式、新服务三种模式。

　　第二，数字经济驱动现代流通业变革的外在拉力体系包括治理模式创新和基础保障支撑。具体而言：一是治理模式创新是在新的流通业发展模式下建立新的数据治理，培养新的数字人才。二是基础保障支持以"数字基础设施"硬实力和"数字管理体系"软保障为基石。

第三节 数字经济驱动现代流通业变革的演化路径

在前文数字经济驱动流通变革演化能力的基础上，本部分采用单案例方法构建数字经济驱动我国现代流通业变革的演化路径，为后文提出我国发展数字经济驱动现代流通业变革的实现路径提供现实依据。

一、单案例研究方法

为了研究数字经济驱动我国现代流通业变革的演化路径，本部分采用单案例研究方法。主要原因如下：一是数字经济驱动我国现代流通业变革是一个动态演化的过程，单案例研究更有利于展现并回答此类问题；二是现有文献鲜有针对数字经济驱动我国现代流通业变革的相关研究，采用单案例研究便于探索这一演化过程和作用机理新问题，其研究结果对同类对象具有启发性；三是本部分研究数字经济驱动我国现代流通业变革的演化路径问题，需要翔实的案例资料和数据，单案例研究能保证研究深度，更适合全面深入地分析、阐明现象背后的重要变迁与内在规律。

二、案例选择与数据处理

本部分选取深圳市怡亚通供应链股份有限公司（简称怡亚通）作为案例，主要原因在于：一是企业在流通业领域具有代表性，拥有丰富的流通资源；二是企业成立时间较长，依托数字技术不断驱动企业流通效率提升；三是企业在发展过程中，依托数字经济不断驱动现代流通业变革。

数字经济驱动怡亚通企业效率提升大体经历了"信息服务化—数字平台化—数字网络生态化"三个发展阶段。第一阶段为信息服务化阶段（1997—2009 年）。1997 年，怡亚通成立，早期主要通过 IT 业务进行电脑零配件的代理采购服务，后期以信息流运营为核心提供进出口外贸环节的软件开发、系统设计、信息发布等物流运营业务；2003 年，怡亚通通过提供代理采购和分销服务形成企业核心竞争力；2004 年，怡亚通对企业进行了成功的股份制改造，向供应链企业转型发展，随着服务的不断沉淀和积累，形成了广度供应链服务模式，并于 2007 年成为中国首家供应链上市企业。第二阶段为数字平台化阶段（2010—2014 年）。怡亚通启动"380计划"，创新性地采用平台运营模式，建立深度分销平台，向深度供应链业务转变，做到网络、合作终端门店数、业务规模、合作品牌数方面的"四个第一"。第三阶段为数字网络生态化阶段（2015 年至今）。2017 年，怡亚通提出新流通战略，以"供应链＋互联网"模式驱动流通业升级；2020 年，怡亚通启动数字化转型战略，定位为"第三代互联网生态型企业"，运用数字信息技术，整合全球资源，承接 100 多家世界 500 强及 2600 多家知名企业业务，提供多样化服务产品，提高企业供应链效益，创新供应链服务，连接全产业链、全人群，提高供应链商业价值，成为具备世界级竞争优势的流通业。

本部分数据收集与处理主要分为四个方面：一是通过网络、数据库等渠道收集企业的基本资料；二是针对高管团队进行深度访谈，对访谈资料进行转录、核对；三是研讨分析数字经济驱动我国现代流通业变革的演化路径；四是再次与访谈人员通过现场访谈、腾讯会议、微信交流等线上线下渠道进行研讨，形成一致的见解。

三、数字经济驱动中国流通变革演化路径构建

基于数字经济驱动现代流通业变革的演化能力，本部分提出数字经济驱动我国现代流通业变革的演化路径包含数字技术赋能实现数字化感知、数字平台搭建实现数字化整合、数字网络建设实现数字化重构、数字生态建设实现数字化共享四个方面。

第一，数字技术赋能实现数字化感知。流通企业依托数字技术通过流通业务需求数字化和流通运营管理数字化，进行数字化辨识和数字化适应，实现数字化感知，从而驱动现代流通业变革。一是流通业务需求数字化。流通业务需求数字化是指流通企业利用数字技术不断提升内部管理，进行数字化辨识，从而辨识消费者需求，更好地满足客户的业务需求。如怡亚通创新研发 eteranl 信息系统，根据不同客户需求量身定制不同业务报表。怡亚通星链生活 App 提供多元化生活场景，实现线上线下一体化便捷服务。二是流通运营管理数字化。流通运营管理数字化是指流通企业利用数字技术，根据消费需求进行组织结构、管理流程的调整，从而适应消费者的需求。如怡亚通吸收思爱普（SAP）、阿里巴巴等行业先进技术，将"数字技术与实施能力"产品化，员工用数字化系统处理标准化业务，可以聚焦管理、创新等高价值工作，发挥更大的价值；运用数字化工具降低管理成本，更

易获得潜在客户，推动企业组织效率的提升。

第二，数字平台搭建实现数字化整合。流通企业通过搭建流通基础服务平台和流通供应链服务平台，构建集前台、中台、后台于一体的数字化平台，进行数字识别、数字获取、数字匹配，实现数字化资源整合，从而驱动现代流通业变革。一是流通基础服务平台。流通基础服务平台是指流通企业利用数字技术搭建基础服务平台，对消费端的信息进行数字识别和数字获取，从而提供流通基础服务。如星链友店依托供应链，推出通证数字电商平台。星链企业云通过依托怡亚通整合外部的供应链能力，从而构建了一个云端的商品资源库。星链云商基于怡亚通实体供应链基础能力，打造集产品展览展示、广告宣传投放、线上采购业务、订单管理业务、在线支付服务等功能于一体的数字化平台，为上下游的企业提供在线进货、一站式商品交易营销和物流、仓储、配送等服务。星链钱包支持跨地区集中计算，提供多种支付方式的开放式交易平台。二是流通供应链服务平台。流通供应链服务平台是指流通企业以供应链为核心，带动对资金流以及商流的数据管理，进行数字匹配，实现数字化资源的整合，通过采购平台、政企采购、行业平台三个业务板块数字化创新，为企业提供物流、商务、结算、信息系统及数据处理等非核心外包业务，进一步打造供应链创新价值链，通过资源共享、优势互补，为各产业供需之间、平台之间、产业之间打造一个互联互通的平台，推动企业供应链创新，帮助企业提升供应链效率，共同提升市场核心竞争力。

第三，数字网络建设实现数字化重构。流通企业通过流通网络生态型组织和流通网络运营服务体系建立数字化网络，进行业务流程重构和组织管理重构，实现数字化重构，从而驱动现代流通业变革。一是流通网络生态型组织。流通网络生态型组织是指流通企业依托数字经济新优势，以消费者为核心进行组织管理的重构。如怡亚通打造的生态型平面组织以客户为中心，通过资源共享实现组织的生态化协同，通过扁平化提高组织的创新灵活性。前台聚焦市场和客户需求，通过"平台＋营销合伙人"模式实现业务平台化；中台是资源和能力中心，提供资源支持、专业服务和专业赋能；后台承担战略规划、目标评估与考核、政策制定、财务风险管控等目标管理和问题管控职能。怡亚通创新推出"平台＋合伙人"模式，启动百名全球合伙人、千名全国合伙人、万名城市合伙人的合伙人"星火计划"，为合伙人提供开放的平台资源，形成流通网络生态型组织，不断聚合与裂变，输出怡亚通的供应链运营能力推动供应链变革，从而驱动现代流通业变革。二是流通网络运营服务体系。流通网络运营服务体系是指流通企业依托数字经济新优势，以消费者为核心进行业务流程的重构。如怡亚通通过平台服务、品牌运营、380 新零售三个部分创新构建流通业综合运营服务体系，平台服务利用数字技术，围绕品牌方痛点，向品牌方提供营销、渠道拓展、供应链云、供应链金融等多元化增值服务；品牌运营针对成熟度不同的品牌方提供国代或孵化服务，激发出新的品牌潜力；360 新零售服务模式以"供应链 +"为桥梁，通过综合应用互联网、物联网、人工职能、区块链接技术，以"380 超市 + 智能零售 + 星链云"三位一体的终端零售网点为载体，实现地域和渠道的网络全覆盖，从而驱动现代流通业变革。

第四，数字生态建设实现数字化共享。流通企业通过构建流通商业生态圈和流通供应链生态圈，进行数据共享、运营共享、人才共享，实现数字化共享，从而驱动现代流通业变革。一是流通商业生态圈。流通商业生态圈是指流通企业依托数字经济新优势，以消费者为核心，通过"互联网 + 供应链"模式，实现商业生态闭环，升级整个流通业全链条。如怡亚通构建 B2B2C 数字化流通系统，通过整购网解决了品牌到门店的高效率流通问题，以数字化工具整合流通环节，提升流转效率；通过 380 生活超市解决门店标准化问题，赋能门店链接消费者，优化全链路的决策效率。怡亚通构建以消费者需求为核心的、全链条数字化的全覆盖、全营销、全服务，以数字化扁平渠道让品牌精准触达消费者，以数字化洞察市场激活中小门店销售能力，以数字化加速整合升级流通供应链服务能力。二是流通供应链生态圈。流通供应链生态圈是指流通企业依托数字经济新优势，通过建立综合外贸供应链服务信息网络、供应链数据生态体系、供应链生态网络终端，形成流通供应链生态圈。如怡亚通以信息系统为载体，形成信息化、可视化和流程化的供应链数据生态体系。怡亚通携手全国 500 万家终端门店，通过 O2O 线上线下的全面结合，形成供应链生态网络终端，帮助中国零售商向 O2O 生态运营模式升级，其中星链微店实现 O2O 线上线下联合运营，星链生活打造全新生活方式，星盟创新增值服务拓展盈利空间，O2O 金融服务满足多元化服务需求，星链云商轻松实现全球海量正品货源采购。

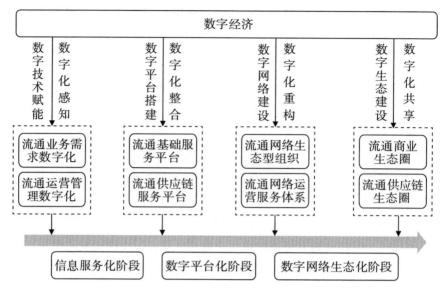

图6-2 数字经济驱动我国现代流通业变革的演化路径

资料来源：作者整理。

因此，本部分在剖析数字经济驱动流通变革演化能力的基础上，选取怡亚通进行单案例研究，创新地构建数字经济驱动我国流通变革的演化路径，主要包括数字技术赋能实现数字化感知、数字平台搭建实现数字化整合、数字网络建设实现数字化重构、数字生态建设实现数字化共享四大方面，如图6-2所示。具体而言：一是数字技术赋能实现数字化感知。依托数字技术实现流通业务需求数字化和流通运营管理数字化，进行数字化辨识和数字化适应，实现数字化感知。二是数字平台搭建实现数字化整合。通过搭建流通基础服务平台和流通供应链服务平台，进行数字识别、数字获取、数字匹配，实现数字化资源整合。三是数字网络建设实现数字化重构。通过流通网络生态型组织和流通网络运营服务体系建立数字化网络，进行业务流程重构和组织管理重构，实现数字化重构。四是数字生态建设实现数字化共享。通过流通商业生态圈和流通供应链生态圈，进行数据共享、运营共享、人才共享，实现数字化共享。

数字经济驱动现代流通业变革
背景下数字流通发展构想

　　建设数字中国是数字时代推进中国式现代化的重要引擎。在数字经济驱动现代流通业变革的背景下，数字流通发展已经成为建设现代流通体系和全国统一大市场的内在要求。我国《"十四五"现代流通体系建设规划》提出要"打造数字化、智慧化、开放型现代商贸流通体系"。国务院提出要"建立健全数字化商品流通体系""加快数字化建设""促进现代流通体系建设"。因此，在数字经济背景下，如何抓住建设数字中国的新机遇，积极发展数字流通尤为值得探究。前文在数字经济驱动现代流通业变革的理论体系的基础上，从效率提升效应分析、动力体系、演化路径三个方面对数字经济驱动现代流通业变革进行实证分析。本章在数字经济驱动现代流通业变革的现实特征、理论框架和实证分析基础上，从数字流通发展的基础支撑、实现路径、政策建议和企业策略四个方面提出数字经济驱动现代流通业变革背景下数字流通的发展构想。具体而言：一是在数字流通发展的基础支撑方面，通过创新构建数字化产业体系，政府引导流通业数字化转型，为我国数字流通发展提供基础支撑。二是在数字流通发展的实现路径方面，我国流通业应当发挥数字经济新优势，从流通节点、流通链条、流通网络、流通生态四个视角出发，通过流通节点数字化感知、流通链条数字化整合、流通网络数字化重构、流通生态数字化共享四大路径，推进数字流通发展。三是在数字流通发展的政策建议方面，我国政府应当实施统筹推进、协同发展、合作共享、因地制宜四大政策机制，通过加强流通业数字技术赋能、推动流通业商业模式变革、提升流通业数字化治理水平、加快流通业数字基础设施建设四大政策措施，支持数字流通发展。四是在数字流通发展的企业策略方面，我国流通企业未来应当重点围绕供应链、店铺、用户、商品、营销五大发展方向进行数字化转型。在供应链数字化方面，应当搭建数字化采购平台、实施物流数字化转型、建立智慧化仓储系统；在店铺数字化方面，未来应当在财务管理、员工管理、客流管理、门店经营方面全面数字化；在用户数字化方面，未来应当在会员管理、数字营销、用户画像、智能客服方面进行数字化升级；在商品数字化方面，未来应当在库存管理、促销管理方面进行数字化升级；在营销数字化方面，未来应当在收银管理、订单管理方面进行数字化升级。

第一节 数字流通发展的基础支撑

我国经济发展正由高速增长阶段转向高质量发展阶段，数字经济驱动流通变革成为我国经济高质量发展的新引擎和新动能。我国应当通过创新构建数字化产业体系、政府引导流通业数字化转型，为我国数字流通发展提供基础支撑。

一、创新构建数字化产业体系

（一）发展壮大数字产业

一是着力提升数字化基础产业。突破数字化核心技术，强化数字化基础研究，提升数字化原始创新能力，补齐数字化产业基础短板。

二是大力发展大数据和云计算产业。发展数据采集、数据存储、数据分析、数据可视化、数据安全等服务，积极培育大数据产业，探索形成数据驱动的商业模式和服务模式。推进通信网络、计算资源、数据中心、存储设备等传统信息服务向云计算模式转型，发展海量大数据、大规模分布式计算、智能数据分析等公共云计算服务。

三是稳步发展电子信息制造业。重点发展集成电路、数字医疗、数字终端等新型数字智能产品，推动电子信息制造业高质量发展。

四是创新发展软件与信息技术服务业。以工业软件的研发与应用为抓手，重点发展基础支撑软件、嵌入式软件和解决方案，培育壮大物联网软件、移动互联网软件与信息技术产业，加快推进软件与信息技术服务业发展。

五是做大做强人工智能产业。大力发展智能机器人产业，全面推进智能产业发展，推动人工智能在产业领域的应用示范。

六是超前布局前沿信息技术产业。探索区块链技术在工业互联网等重点领域的商业应用，推进量子技术的创新和研发，构建创新产业链，推进"5G+产业"发展。

（二）推进传统产业数字化转型升级

利用数字技术推进产业生产要素、业务流程、生产方式数字化变革，形成数字化的产业协作、资源配置和价值创造体系。

一是加快传统产业数字化改造。在产品层面，通过应用数字技术和网络技术拓展产品功能，提高产品技术含量、附加值和竞争力；在企业层面，加强企业数字化改造，通过互联网实现互联互通和综合集成，促进全生产过程的精准协同；在产业层面，通过全流程和全产业链的集成应用，提升产业链设计、研发、制造、商务和资源协同能力，推动产业的数字化转型。

二是培育产业数字经济新业态。持续推进产业电子商务，积极构建现代物流体系，加快发展产业链金融。

三是培育数据驱动的产业数字经济新模式。打通消费与生产、供应与制造、产品与服务的数据流和业务流，加强产业网络协同和创新资源在线汇聚共享，发展个性化定制，推进服务型产业数字化。

（三）建设产业数字化平台

运用互联网、AI、物联网、大数据、区块链、云计算等数字技术，推动数字经济产业化，建设形成万亿级自成体系的数字化平台，从而挖掘数据要素价值，提高产业整体效率和价值。

一是打造产业互联网平台体系。推动产业互联网平台的功能迭代、服务创新，培育跨行业跨领域的产业互联网平台，打造系统化、多层次的产业互联网平台体系，创新产业互联网平台服务能力。

二是提升基于互联网平台的产业知识创新能力。分行业、分领域推动产业互联网知识的软件化、模块化、标准化，构建基于产业互联网平台的知识图谱，推动产业价值创造，重构产业创新体系。

三是推动基于互联网平台的产业创新。培育基于产业互联网平台的创新模式，发展平台经济、共享经济等新业态，支持建设产业互联网创新中心，建立产业互联网示范基地，推动产业创新发展。

（四）发展数字化产业集群

一是发展数字化产业集群。围绕传统产业集群的集约化、高端化、品牌化提升改造，推进产业集群资源在线化、产能柔性化、产业链协同化。选择管理规范、产业集聚度高、创新能力强、信息化基础好、引擎带动性强的重点产业集群，打造数字化产业集群，形成新技术、新产品、新模式、新业态创新活跃的数字产业生态。

二是培育新型数字产业集群。以建立跨界融合联动机制为重点，依托网络化资源对接平台，优化、重塑产业集群供应链和空间布局，培育形成以互联网为基础设施的新型数字产业集群。

二、政府引导流通业数字化转型

（一）加强数字化转型顶层设计

一是制订产业数字化发展规划。加快研究制定关于推进数字化转型的发展目标、发展思路、重点任务、保障措施等；有计划、有步骤、有重点地推进重点产业数字化转型；加强区域产业合作，以产业集聚区为载体，充分发挥地方龙头企业引领带动作用，探索差异化产业数字化转型路径。

二是优化政策协调机制。简化产业数字化转型领域的行政审批事项，加强过程监管，降低准入门槛；积极落实产业用地政策，支持数字化转型领域产业创新发展。

三是加大资金支持力度。利用政府资金、落实相关税收优惠政策，支持数字化转型产业核心关键技术、产业链构建、产业公共服务平台建设、产业重点工程建设。

四是构建公平开放市场环境。为产业数字化转型营造创新、包容、公平、开放的市场环境，支持数字技术、数字业务、数字模式的可持续发展。

（二）完善数字化公共服务体系

一是数字化转型的智力咨询服务。加强数字化相关研究的智库建设，加强国内外数字化转型调查研究、趋势研究、政策建议，定期发布研究成果，为产业数字化转型提供智力支持；支持行业协会或第三方机构建立行业性的大数据平台和云平台；整合科研院所力量，构建数字化转型创新中心；依托行业组织，加强基础数据库建设和利用，促进优化产业链和产业生态体系；建立数字化转型产业联盟，加快探索形成良性的市场化协作机制，提升产业数字化创新水平。

二是数字化转型的评估评价。完善数字化转型产业管理与评估机制，构建数字化转型发展水平评价指标体系，形成产业数字化转型发展指数并定期向社会公布，构建基于数字化转型的产业发展数字地图。

三是宣传推广。通过行业组织、政府部门、企业等多渠道多方式，宣传产业数字化转型实践的工作进展、典型经验和实践成效，提升数字化转型的影响力。

（三）提升国民数字素养水平

一是构建完善的数字人才教育体系。构建基础教育、高等教育和职业教育相结合的数字人才教育体系，推进数字化学科专业课程设置、办学模式、培养模式、教育模式、评价模式改革创新，促进产学研深度融合。

二是优化提升数字人才培训体系。通过数字化转型培训内容创新、模式创新，加强政府、行业、企业等方面人员的培训，提升数字化人才素养，支撑产业数字化转型升级。

三是制定数字人才战略。通过国际交流、境外合作、企业招聘等方式引进全球化数字人才。

四是营造良好的数字人才发展环境。通过完善政策法规、加大政策资金支持力度、创新激励机制、健全考核评价制度等营造创新、开放的数字人才发展环境。

第二节 数字流通发展的实现路径

基于前文数字经济驱动我国现代流通业变革的演化路径分析，本部分提出我国流通业应当发挥数字经济新优势，从流通节点、流通链条、流通网络、流通生态四个视角出发，通过流通节点数字化感知、流通链条数字化整合、流通网络数字化重构、流通生态数字化共享四大路径，推进数字流通发展。

一、流通节点数字化感知

流通节点主要是指流通组织内以散点形式存在的不可细分的单一载体。流通节点数字化感知是指流通业应通过数字技术赋能，按需推动流通节点业务需求数字化和运营管理数字化，进行数字化辨识和数字化适应，进行流通节点的数字化感知，从而实现现代流通业变革。

一是在流通节点业务需求数字化方面，流通业应当支持各类流通业务按需调用和灵活使用数字能力，以数字能力赋能流通业轻量化、柔性化、智能化发展，通过流通业务的蓬勃发展、开放发展，提升流通节点的调用率和复用率，大幅提高流通节点数字化重复获取。

二是在流通节点运营管理数字化方面，流通业应当通过数字化组织机制、运营体系、流程管理，促进资源有效利用与业务趋势把握，实现数字化、智慧化的运营。利用数字技术敏锐地观察和搜寻市场环境及消费需求的变化，识别消费需求，实现用户动态需求的快速响应，实时发现未来潜在机会，在鉴别消费需求和市场机会的基础上，做出战略调整，主动适应消费者未来的需求，从而不断地应对消费需求和市场机会的变化。

二、流通链条数字化整合

流通链条主要是指流通组织内流通节点之间的业务链、供应链、价值链等。流通链条数字化整合是指流通业应当发挥数字经济新优势，通过搭建流通基础服务平台和流通供应链服务平台，进行数字识别、数字获取、数字匹配，实现流通组织内流通节点之间的业务链、供应链、价值链资源整合、协同、优化、共享，从而实现现代流通业变革。

一是在流通基础服务平台方面，流通业应当利用数字技术搭建基础服务平台，对消费端的信息进行数字识别和数字获取，从而提供流通基础服务。

二是在流通供应链服务平台方面，流通业应当以供应链为核心，带动对资金流以及商流的数据管理，进行数字匹配，实现数字化资源的整合。

三、流通网络数字化重构

流通网络主要是指流通组织内流通节点、流通链条之间构建、运行和自学习优化形成的网络。流通网络数字化重构是指流通业应通过流通网络生态型组织和流通网络运营服务体系建立数字化网络，进行业务流程重构和组织管理的数字化重构，实现流通节点、流通链条之间的网络化动态协同，从而实现现代流通业变革。

一是在流通网络生态型组织方面，流通业依托数字经济新优势，以消费者为核心进行组织管理的重构，以实现基于流通网络的价值效益多样化创新和获取。

二是在流通网络运营服务体系方面，流通业依托数字经济新优势，以消费者为核心进行业务流程的重构，并以数字化网络赋能流通业务模式的创新和发展，大幅提升流通业务网络化、多样化创新发展的能力和水平。

四、流通生态数字化共享

流通生态主要是指流通节点、流通链条、流通网络等共同构成的流通生态体系。流通生态数字化共享是指流通业通过流通商业生态圈和流通供应链生态圈，进行数据共享、运营共享、人才共享，实现流通节点的数字化感知、流通链条的数字化整合、流通网络的数字化重构，形成协同共享的数字化流通生态体系，从而实现现代流通业变革。

一是在流通商业生态圈方面，流通业应当依托数字经济新优势，以消费者为核心进行流通商业体系的数据共享、运营共享和人才共享。

二是在流通供应链生态圈方面，流通业应当依托数字经济新优势，以消费者为核心进行流通供应链体系的数据共享、运营共享和人才共享。

第三节 数字流通发展的政策建议

基于数字经济驱动现代流通业变革的理论与实证分析，结合数字经济驱动我国现代流通业变革的现实特征，本部分从政策机制和政策措施两个方面提出我国政策建议。

一、数字流通发展的政策机制

基于数字经济驱动现代流通业变革的理论与实证分析，结合数字经济驱动我国现代流通业变革的现实特征，本部分提出我国政府应当实施统筹推进、协同发展、合作共享、因地制宜四大政策机制，支持数字流通发展。

（一）统筹推进

我国应当从国家层面制定发展数字经济驱动现代流通业变革的发展战略；通过强化流通业体制机制创新，建立完善健全的组织机制，制订有效的行动方案，形成模式创新—试点应用—经验总结—模式推广的示范推广机制，统筹发展数字经济驱动现代流通业变革。

（二）协同发展

我国应当建设数据治理、信息安全、技能培训等数字化流通平台，解决发展数字经济驱动现代流通业变革提升中的共性问题；以流通数字化平台企业为核心，依托全球电子商务平台整合资源，搭建流通跨界融合平台，加强流通主体协同合作；重视流通业数字化发展的区域差异，建立区域间的协同发展机制，促进流通业区域协调发展；搭建流通业数字化专业论坛，引入数字化培训方式，加强企业数字化建设的中层骨干培训；通过设立数字化人才专项基金，加大流通数字化人才财政支持力度，通过国际交流合作、社会公开招聘、完善的政策法规、加大政策资金支持、创新激励体制机制，共同促进现代流通业变革。

（三）合作共享

我国应当加强流通业数据资源共享，加强流通数字企业的全球化合作共享，提高流通业全球资源配置能力；探索流通企业共享互利发展模式，完善试错容错纠错机制，营造崇尚创新的社会氛围；促进创新资源自由有序流动，推动流通领域创新项目、基地和资金一体化配置；充分发挥政府、流通企业、行业协会、科研机构的作用，运用财政政策、税收政策、优惠政策等政策机制，搭建数字技术创新合作平台，采用产学研合作方式，共同促进现代流通业变革。

（四）因地制宜

鉴于数字经济驱动现代流通业变革的区域异质性和行业异质性，我国政府应当因地制宜地制定政策措施,从而实现现代流通业变革。如对于数字基础设施发展水平相对落后的中西部地区,搭建产业数字化赋能平台,加快推进流通业基础设施数字化进程。

对于批发和零售业发挥高技术效率和规模经济的特征,利用数字技术赋能既助力了交易环节降本增效,创新商业模式,又实现了小生产和大数据对接大市场,通过行业内的技术传播与转移形成的竞争新优势推动行业升级,节省行业研发支出成本,提升行业资源配置效率,推动企业在创新中探寻和调整最优生产决策与规模效率。

对于住宿和餐饮业,数字经济在行业发展中引入技术要素,促进要素禀赋、技术资本的积累与技术能力的提升,从而形成行业比较优势,提升企业自身的经营管理效率与整个行业的资源配置效率。

对于交通运输、仓储和邮政业,数字化基础设施建设以及技术要素的积累有一定的要求,利用数字经济优势,促进行业技术进步,实现产业创新发展与行业转型升级,向数字物流、智慧物流方向发展。

二、数字流通发展的政策措施

基于前文数字经济驱动流通变革的动力体系分析,本部分提出我国政府应当通过加强流通业数字技术赋能、推动流通业商业模式变革、提升流通业数字化治理水平、加快流通业数字基础设施建设四大政策措施,支持数字流通发展。

(一)加强流通业数字技术赋能

我国政府应当加大流通企业技术攻关和人力资本投入;支持骨干流通企业牵头组建产学研一体的流通创新联合体;支持企业建设共性技术研发平台,开展流通关键和底层共性技术攻关;支持中小微企业创新成长,推动流通产业链融通创新;鼓励企业加强国际交流合作,利用境外人才、技术、数据等创新要素,提升企业数字技术研发水平和创新能力;深化客户识别、市场营销、运营管理、仓储物流、产品服务等环节的数字化应用,不断拓展企业业务与功能;运用数字技术充分整合流通产业链上下游资源,积极推进流通供应链数字平台建设,借助数字平台整合线上线下的供求资源,促使产、供、销协同发展,引导各类电商平台、供应链流通企业利用数据为生产企业赋能，增强生产企业对市场需求的响应匹配能力，提升流通现代化水平。

（二）推动流通业商业模式变革

我国政府应当推进流通新业态、新模式、新产品、新服务等变革，推进电子商务创新发展，促进线上线下互补融合，培育一批创新引领、融合互补的电子商务主体；加快推广无接触式交易、店仓一体等新模式，发展社交电商、直播电商等新业态，创新发展云展会、共享员工等新兴商业模式和场景应用；推动流通业组织管理模式由过去传统的组织结构管理向扁平化、模块化、协同化的组织管理模式转变，推动流通跨界融合发展，鼓励发展制造型流通企业和流通型生产企业，推动现代流通业变革。

（三）提升流通业数字化治理水平

我国政府应当制定统一的流通业数据标准体系，运用数字技术手段，建立统一的数字化监管平台，实行全环节的现代流通监管体系；综合运用信用风险分类、大数据分析预警和第三方信用评估监督等方式实施日常监管，加强对承诺市场主体信用状况的事后核查，实现智慧监管；推进综合行政执法体制改革，加大对生产经营侵权假冒伪劣商品、发布虚假广告等失信行为的治理力度；运用数字技术手段加强流通业的数据信息保护体系、知识产权追踪和确权体系、数据安全保护体系、数字化信息安全体系的建设，从而为数字经济驱动现代流通业变革提供可持续发展保障。

（四）加快流通业数字基础设施建设

我国政府应当通过推动流通企业强化数字化改造，构建上游和下游贯通、内部和外部互通的流通企业协同网络；推动建设流通数字化公共服务平台，为企业数字化转型提供解决方案，为科技创新、成果转化、产权保护和人才培育等提供支撑；推进城市共同配送中心建设，创新配送模式，推广智能物流信息系统与设备应用，提升专业化、智慧化程度，建立统一的城市物流大数据平台；通过信息系统的应用，城市居民消费数据的沉淀，让数据真实、实时地反映城市物流、商流、资金流、信息流变化，实现四流合一，增强城市配送效率，从而为数字经济驱动现代流通业变革提供基础支撑。

第四节 数字流通发展的企业策略

基于前文数字经济驱动现代流通业变革的现实特征、理论体系、实证分析，在数字经济驱动现代流通业变革背景下数字流通发展的动力机制与演化效应、动力体系与演化路径、发展对策，本节提出我国流通企业未来应当重点围绕供应链、店铺、用户、商品、营销五大发展方向进行数字化转型。一是在供应链数字化方面，应当搭建数字化采购平台、实施物流数字化转型、建立智慧化仓储系统；二是在店铺数字化方面，未来应当在财务管理、员工管理、客流管理、门店经营方面全面数字化；三是在用户数字化方面，未来应当在会员管理、数字营销、用户画像、智能客服方面进行数字化升级；四是在商品数字化方面，未来应当库存管理、促销管理方面进行数字化升级；五是在营销数字化方面，未来应当在收银管理、订单管理方面进行数字化升级。

一、供应链数字化

（一）搭建数字化采购平台

数字化采购是指通过大数据、物联网、移动互联网、人工智能、区块链等数字化技术，打造数字化、网络化、智能化、生态化的采购管理，将采购部门打造成价值创造中心。"如何利用数字化解决供应商管理痛点"已经成为现如今很多企业重点关注的问题。采购部门普遍存在手动流程，效率低下，历史无法追溯，合规性难以保证，供需不精准对接，企业对于产品需求目标、需求数量、需求时间没有准确的对接信息等问题，并且加上组织之间不能高效协同，导致市场反应滞后、效率低，因此数字化在采购市场起到了"精准对接"与"高效协同"的作用。数字化采购平台可实现可预测寻源、寻源战略、供应商协作、自动化采购执行等。在可预测寻源方面，解决采购部门普遍存在手动流程、效率低下、历史无法追溯的问题，支持寻源部门达成透明协议，节约采购成本的同时也节约采购时间；应用认知计算、人工智能以及数据挖掘技术，结合第三方数据资源，进行评估、预测备选供应商的可靠性和创新性，例如，通过 Ariba 网络连接全球超过 250 万供应商，并根据不同商品的关税、运输及汇率等因素，自动计算所有原产地的上岸成本及应当成本，在全球市场中发现最优供应商；建立可预测的供应商协作模式，通过人工智能与应用认知计算，进行分析预测谈判双方的价格与成本，从而控制谈判风险以及消减采购成本，在签约合同环节自动识别合规且适用的条款，以确保合规性。在自动化采购执行方面，从阿里巴巴、淘宝、京东、拼多多等网站可以看到数字化采购给人们的生活带来了很大的改变。调查显示，2018 年 1—10 月，在企业电商化采购综合型平台中，市场占有率最高的是京东企业购，占整体采购样本的 51.2%；其次是阿里企业采购，占比为 29.8%；然后是苏宁企业购，占比为 13.9%。作为行业代表，京东的服务模式以自营为主，致力于无缝衔接上游品牌商和下游企业用户需求，进而快速了解企业市场的需求变化，利用技术优势实现资源整合，响应企业用户的需求，加快执行效率。

（二）实施物流数字化转型

在数字经济时代，传统零售企业开展数字化转型势在必行。作为零售企业的基本价值活动之一，优化和改进物流是传统零售企业数字化转型的重要内容。零售企业物流数字转型可从以下两个方面进行开展。

一是引入自动化设备。传统零售物流环节人工作业多，自动化设备的应用可以帮助物流实现自动化仓储以及高效配送；同时通过对前沿科技进行应用探索，致力于解决"最后一公里"配送难题。物流阶段应用的自动化设备主要有四种，分别是 AGV 智能搬运机器人、无线射频识别技术（RFID）系统、自动分拣系统、无人车 / 无人机。在商品拣选时，分拣完成后 AGV 智能搬运机器人会将货架驮回原位，极大地削减商品分拣、分类存储环节的人力需求，作业效率与人工相比也有很大的提升。RFID 的应用关键在于在商品包装中添加可接收、存储商品信息的电子标签，通过快速读取标签信息，在出入库阶段可以提升货物收发的核验速度与准确性；在库存盘点阶段只需持读写器在特定位置进行货物信息的接收，极大地减少了盘点时间；同时对供应链各个环节数据收集，可以让企业获取动态库存信息，基于数据分析、预测更好地进行补货管理，减少缺货或货物积压的情况。沃尔玛在配送中心应用射频识别后，商品库存管理效率显著提高，补货速度提高了 3 倍左右；同时缺货情况明显减少，货物短缺率和产品脱销率下降了 16%，降低因缺货带来的销售损失。当门店通知物流中心按指示发货时，自动分拣系统可在最短时间内从庞大的高层货存架中准确找到要出库的商品，并按所需数量出库，不同商品按配送地点的不同运送到不同的理货区域或配送站台集中，以便装车配送。通过应用自动分拣系统，仓库的拣货效率大幅提升；作业人员只要把商品放上传送带，剩下的事交给机器，大大地节约了人工成本。针对"最后一公里"的配送难题，各类物流企业正积极探索小型无人车 / 无人机终端配送。小型无人车可以实现恶劣天气以及夜晚的 24 小时配送，做到全天候的即时配送；小型无人机则可以解决偏远地区的配送问题，提高配送效率，减少人力成本。

二是开拓物流新模式。为解决终端配送难的问题，产生了前置仓模式和众包模式，前置仓模式通过缩小仓库与消费者的距离，带来效率与用户体验的提升；众包模式通过全民参与的方式，降低配送成本，缩短配送时间。前置仓是为了实现商品的即时配送，衍生出更加靠近消费者、用于满足线上消费的小型仓储单位。前置仓通常有门店仓与独立仓两种模式，前者直接把靠近用户的零售门店附以仓库功能，后者则是依据大数据选址独立建设的靠近客户端的小型仓库。由于前置仓选址定位在间隔顾客 3~5 千米的距离内，配送速度快，可以实现一小时甚至是半小时送达；即时送达不仅可以满足顾客即时消费的需求，还可以保障生鲜等高时效性商品的品质，带来更好的用户体验。众包模式是指由企业外的大众群体来完成配送员的工作，为附近的客户送货。快递员是自愿参与兼职的人员，所以相对传统物流，人力成本显著降低。众包模式主要是提供给附近的人员进行上门取货和送货到家的门到门服务，相比传统模式，大大减少了区间派件的时间。

（三）建立智慧化仓储系统

在新技术和数字化大潮的影响下，对零售企业仓储物流的管控比以前更严，传统仓储物流管理亟待升级改造。

一是提升快消品仓储及配送效率，减少资源浪费，降低运营成本，且消费者可以快速收货，提升购物体验。

二是智慧化仓储系统可根据零售业客户仓库规划，对仓内所运用的硬件设备给予建议，也可以为客户提供软硬一体化解决方案。

另外，对于线上线下多渠道库存的管控、共享，智慧仓储系统可以提供整体解决方案，基于供应链数字化中台，将仓库管理系统、运输管理系统、供应链可视化平台等整合到一起，将零售业物流供应链上下游各环节信息打通，进一步加深快消品供应的信息化程度，保障企业对全渠道物流供应链上不同层级角色的有效管控。

二、店铺数字化

（一）财务管理

面对不确定、不稳定的环境，数字化转型成为重构企业核心竞争力和高质量发展的必然之路。随着企业经营规模的快速扩大，产业链条不断延伸，经营业态逐步多元化，商业的竞争从某种意义上讲已经逐步变成了数字的竞争。为此，企业需要更好地利用数字技术提升管理水平，建立规范、高效、稳健的财务管理体系。当前企业数字化转型更加的聚焦和务实，找准数字化转型的切入点将比以往更加重要，以低成本实现高效率提升，推动高价值转化是本轮企业数字化转型的关注点，而财务成为企业数字化转型的一个关键切入点。如以中国铁塔的财务数字化转型实践为例，中国铁塔聚焦价值管理和数字化运营，实现了企业的智能化运营。

（二）员工管理

受疫情影响，多数选择远程办公或弹性办公方式复工。对于多数企业，远程办公是一次新的尝试。当员工脱离原本的工作视线范围，如何有效管控员工的工作效率对于人力资源主管与管理者而言是一次重大考验。而建立高效的数字化人力资源管理平台，成为企业应对危机、提升管理效能的有效手段。数字化时代下人力资源管理的价值得到了新的塑造与提升。面对新时代、新组织，人力资源该如何借助数字化的力量激活团队、赋能员工，借助数字化人力资源运营提高效率，是每一个人力资源主管值得认真思考的问题。近几年，"制度流程化、流程表单化、表单信息化"成了许多企业人力资源变革的口号。而这句口号如今已逐渐落实到数字化的系统平台上。疫情期间，就有部分公司把全套人力资源的管理流程都转到了线上，服务内容涵盖从员工入职到离职的整个职业生涯周期，从而实现了降本增效的目的。传统的人力资源管理以模块为主导，流程间统筹性差、职能缺乏灵活性、与战略结合不足等劣势相对明显。随着数字化变革的深入，以价值为核心的新三支柱模式推动企业人力资源管理迭代升级。数字化时代，传统的人力资源事务性工作被外包/IT系统所取代，人力得到极大释放。在新的工作模式下，提供解决方案、参与业务决策成为人力资源应发挥的重要价值。人力资源工作者应该根据新技术与商业模式的变革，着手重塑数字化企业文化、未来劳动力结构、未来决策模式与员工体验，成为数字化转型的布道者、战略劳动力规划专家、人才数据专家与员工用户体验设计师。

（三）客流管理

电商行业的兴起，方便了消费者的生活，足不出户便可送货上门，但与此同时，却也让线下商家失去了大量客源。因为线上活动力度大，售后服务好，种类齐全，这是线下门店无法超越的，所以越来越多的消费者从线下消费转战线上。针对这种现象，线下门店的客流管理在做数字化转型的时候，应注重客流的统计分析、用户画像的刻画以及更精准的商品推荐，从而提升用户的购物体验，提高购买效率。服务商数字化经营解决方案普遍使用人脸识别技术作为客流统计的触点。该方案通过前端设备对客流的人脸进行捕捉，借助AI算法对人脸进行分析，以此统计出顾客的性别、年龄、身份等属性，呈现顾客的光顾频率和回头率分析，摸清顾客消费偏好和消费心理，做出合适的商品推荐和提供专业的服务。更强大的数字化客流管理方案，还可以将线下采集到的客流数据与线上的数据相匹配，形成更精准的用户画像，有利于线上与线下的客流互导，帮助企业扩大客流量、实现更精细化的客户运营。

（四）门店经营数字化

过去传统的、封闭的数据平台成为传统零售商发展的瓶颈。比如，线上与线下库存、订单、商品信息不同步，管理系统亦相互割裂，形成一个一个的数据孤岛等，不仅没有转化为企业有用的数据资产，反而成为阻碍其快速发展的负担。因此对于门店数字化而言，线上门店的打造是基础，线上线下数据的融合打通，商品、订单、仓储物流的一站式管理才是重头戏。只有全域数据实现互联互通，门店的经营管理才能真正实现数字化，从而提升门店的经营效率，提高用户的购物体验。服务商数字化经营解决方案中，有基于小程序体系打造社交属性的线上微商城，提供多种主流行业模板、装修组件随心搭配等系统服务，根据用户画像集成推荐算法，实现千人千面，帮助企业提高用户消费体验；多渠道订单管理、线上线下商品一站式管理，帮助企业实现数字化管理、提升经营效率。企业的数字化经营转型是一个小步快跑、分步迭代的过程，传统软件行业中"一劳永逸"的想法已经不适用于瞬息万变的数字化时代。好的服务商的数字化经营解决方案以帮助商家利润增长拓展业务为核心，随着业务需求的变化使数字化体系实现敏捷开发、快速升级。

三、用户数字化

（一）会员管理

会员对于线下商店有多重要？店铺 80% 的营业额是店铺 20% 的老顾客贡献的，这是老生常谈的二八法则。因此，会员的管理和会员的营销对店铺销售业绩而言十分重要。但会员管理也是线下商铺经营过程中遇到的痛点之一：有会员难触达，有会员无互动。服务商数字化经营解决方案帮助商家搭建自有会员体系，消费者支付即会员。主动、定向营销：多种拉新、促活营销功能，通过活动刺激顾客消费、储值，帮助商户提前获取现金流，可短时间内快速增加店铺流动资金；打通消费闭环：增加二次营销能力，消费积累会员积分，可兑换会员福利，提升店铺黏性，增加会员忠诚度；电子会员卡、优惠券可同步微信卡包，使用灵活方便，降低制卡成本，提高使用效率。

（二）数字营销

数字营销就是以产品数字化为基础，配合经销商数字化、终端数字化、消费者数字化等产业价值链的全链数字化，通过 BC 联动、C 端运营、内容互动等实现品牌与用户的直接链接以及中国酒业营销从"销"到"营"的转型升级。当前数字营销有三大升级：一是产品＋服务升级产品数字化、产品智能化，让产品会说话、可视化，如云游产区、智慧酒庄、云上酿造、线上封坛等数字营销产品在不断升级。数字化服务溯源保真、服务串货管理、服务经销商经营管理、服务终端动销营销、服务消费者购买等数字营销服务不断升级。二是线下＋线上升级数字营销可以实现"一商一端一云店""一商一店一网红"，可以协同经销商将忠实消费者、消费带头人更好地团结在自己身边，可以让更多的消费者更便捷地前来购买。三是公域＋私域升级，品牌方/厂家要做好、放大公域流量，要将平台电商、社交电商等的公域流量公开、公平、公正地分配给渠道；经销商、终端商的私域流量应该得到保护，谁开发谁受益、谁推广谁受益。数字营销的核心点是 C 端运营，互联网红利进入存量时代，内容体验细分和流量持续集中是零售业大势：需长期关注存量用户资产，遵循用户生命周期理论进行有针对性的唤醒、激活、引导复购、提升忠诚、刺激裂变，充分发挥每一个用户的价值。

数字化内容运营有四大原则：第一，利用圈层传播，充分利用终端俱乐部、厂家业务员、意见领袖等资源，在其圈层中传播内容，形成精准的高知晓度传播。第二，塑造真实性，官方角度整合用户产出的内容、真实活动案例提炼为内容素材，塑造并强化其真实性。第三，定向导流，设置与内容关联的商品、商城、活动报名等页面，打通内容与购买、报名等行为的线上闭环。第四，全网关联搜索，多渠道传播品牌、产品内容，与平台内的传播形成合力，多渠道向自有平台导流。利用数字营销搭建企业统一的内容中心，数字营销内容中心分享方式灵活，支持多个角色转发到多个渠道。利用圈层进行传播，不断创建、丰富社群，将线上与线下活动场景打通。

（三）用户画像

B 端用户画像就是企业根据客户特征、业务场景和客户行为等信息，构建一个标签化的用户模型。简而言之，用户画像就是用数据来描述人的特征，将典型客户信息标签化。企业在数字化转型过程中，将数据资产生成用户画像，用户画像是帮助企业明确目标客群和分析商业趋势的最直接的方法。数字化运营的关键在于，是否有足够精确的用户画像来做支撑。用数据来构建画像，可更好地应用在个性化推荐、精细化运营、辅助产品设计等场景。理解用户需求，就要对用户进行研究，并建立用户模型。用户画像是用户研究的重要手段之一，用户画像一旦形成，用户精准度会提高很多，就能提高运营的工作效率。使用用户画像这种方法，对企业产品或服务的目标人群做出的特征刻画，通过定位目标客群、描述用户行为，来帮助我们分析客户需求、设计产品功能、制定运营策略。数据收集是用户画像中十分重要的一环,资料来源于网络,关键在于如何提取有效数据。基于指标收集用户行为数据,方便我们对用户进行有针对性、目的性的数据分析、产品运营。对用户行为的数据进行收集、存储、跟踪、分析与应用等,可以找到实现用户自增长的病毒因子、群体特征与目标用户。关键是数据收集可深度还原用户使用场景、操作规律、访问路径及行为特点等。

(四)智能客服

随着以 AI 人工智能技术为主的新一代快速商业化信息时代的到来,我国的数字经济发展势头强劲。接入智能客服系统与云计算工作分配系统,利用智能客服的 AI 能力为企业赋能,可以帮助企业更好地改变与客户的连接方式。提起 AI 客服,我们就不得不说说客服工作的意义。作为客户与企业之间的纽带,客服承担着直接为客户服务的工作。解答业务问题、处理服务纠纷,加深客户对企业的了解、增进客户与企业之间的感情等,这些都是客服工作的内容。从一定意义上来说,客服代表着企业的形象,客服工作可以反映出一个企业的文化修养与综合素质。客服工作的好坏与企业的利益是直接挂钩的。然而,客服工作强度大、工作内容枯燥乏味,使得客服人员容易产生负面情绪,导致客服人员流动性大、招聘管理难,而客户体验也不佳。随着人工智能 AI 客服的出现,这些痛点与难题得到了缓解。因此,人工智能 AI 客服受到了服务业的热捧,被应用于各大行业与领域。支持预测、预览、精准、自动、IVR 等多种外呼模式的 AI 人工智能客服系统,与稳定全面的云计算工作分配及客户服务优化方案结合,针对企业电销效率低下、响应速度缓慢等问题,研发出智能语音 IVR、电话转接、通话转人工等多种特色功能,满足不同业务场景,帮助企业完成客户生命周期内的接待、管理、营销、维护,能够快速提升客户满意度及营销效率。

四、商品数字化

(一)库存管理

目前还有很多企业的仓库管理数据还是用先纸张记录、再手工输入计算机的方式进行采集和统计整理。仓库货品出入库、盘点等操作直接通过扫码枪来完成，配合使用条形码标签序列号管理，可实现各个环节的规范化作业，掌握所有库存物资当前所在位置，实时跟踪与显示货物流向。系统具有丰富的查询功能，检验管理、仓库管理、库存查询等，同时可生成多种统计报表，如库存报表等，让仓库管理更加高效、快捷。

（二）促销管理

随着智能手机的普及以及二维码的流行，让传统快消行业的促销方式发生了改变。数字化促销系统通过利用互联网技术，让商家能够对产品全过程进行监控，改变传统促销方式的弊端，帮助商家快速地制订促销方案，轻松了解市场需求。数字化促销系统对整个促销流程都是可控的，消费者通过扫码可以获得红包、话费、实物、积分等奖励，礼品及促销力度动态可调，奖品快速送达，大幅提升消费者的参与率，完成传统促销线下到线上的桥接。

五、营销数字化

（一）收银系统

随着科技的高速发展、数字经济时代的到来、移动支付应用场景的增多、人们消费和支付习惯的改变，传统门店的收银方式必将升级为互联网收银方案。数字化收银系统可以采用 SaaS 模式 + 收银终端 + 互联网大数据共享，为门店营销赋能，打造一套在新零售模式下基于互联网的门店运营解决方案。基于新零售模式发展下的数字化收银系统，顾客通过移动支付连接门店"人、场、货"的信息改造，形成更高效的零售模式，将到店的顾客转化为数据化资产；将门店线下的流量资产带动线上交易，提高门店商品的复购率；在实现数据高效运营的同时，让门店轻松拥有所有互联网营销业务，为门店数字化提供了一站式的产品解决方案。一是采取移动支付收款，包括聚合移动支付收款，智能 POS 收款，人脸支付、移动支付酒店预授权等多种支付业务场景。二是门店智能收银，适用于餐饮、商超、便利店、水果店、生鲜等。领先于国内传统收银软件，按不同行业提供硬件及软件服务，聚合所有日常操作，实现真正的简单高效的收银和管理。

三是数字化营销，同城客无忧打造本地商业联盟，实现流量共享，为同城会员提供三公里精选生活服务圈等服务。通过大数据和 AI 的智能分析，针对用户进行精准营销，把线上流量引入线下，实现线上线下的数字化营销闭环。

（二）订单管理

随着全球经济进入数字化转型时期，数字化转型已成为企业的"必选题"，各行各业的数字化程度都在不断提升。传统行业在采购流程上比较烦琐，存在着信息不透明、沟通不畅、库存堆积、新品促销不及时等诸多痛点。在此种情况下，数字化订单管理系统，可以打破传统采购模式对时间、空间上的限制，可以有效地提高订货效率，还能帮助企业合理控制采购成本，进而实现对企业经营效益的贡献。使用数字化订单系统，客户只需要在线进行下单，老板只需要在后台审核订单，极大地减少了错单、漏单现象的发生，提高了订货的效率。数字化订单系统可以根据客户的不同等级。不同区域对商品设置不同的价格体系，实现一客一价功能，客户订货也很方便。数字化订单系统支持多种营销功能，例如优惠券、抽奖、满赠、秒杀、组合购套餐等，可以在商城的首页上进行展示或在公众号的文章上进行通知。数字化订单支持多种支付方式，例如线上、线下以及预存款，让财务人员彻底告别对账带来的困扰，提高了效率。使用数字化订单系统，可以对订单进行全方位的追踪，以便更好地掌握订单的状态，这样就不用担心订单丢失。此外，数字化订单系统可以对订单、客户等数据一键生成多维度分析报表，老板可以快速了解公司的基本情况，做出合理性决策。数字化订单管理系统专业解决供货商在线发货，管理客户、业务人员、商品、库存、订单、账款、营销、数据等事宜，并将繁杂的管理事项集中在线上平台，简化了供货商群体的管理时间和成本。

第八章

全球数字经济标杆城市建设下数字流通发展实践

本章以北京建设数字经济标杆城市为契机，在系统分析北京建设全球数字经济标杆城市现状的基础上，明确北京建设全球数字经济标杆城市的思路，针对全球数字经济标杆城市建设下北京数字流通发展现状与存在的问题，提出全球数字经济标杆城市建设下北京数字流通发展对策。

第一节　北京建设全球数字经济标杆城市的现状

本部分从基础条件、发展现状与特征、发展机遇、发展问题、发展趋势五个方面分析北京建设全球数字经济标杆城市现状。具体而言，北京建设全球数字经济标杆城市的基础条件主要包括建设步伐稳定推进、出台顶层实施方案、推动设施建设立法。北京建设全球数字经济标杆城市呈现出数字经济引领经济快速发展、数字经济促进品牌经济发展、数字基础设施加快推动布局、区域协同创新发展格局显现、持续推进政策制度体系建立五大发展现状与特征。北京建设全球数字经济标杆城市面临着国际科技创新中心迈向新征程、北京数字经济新基建加速推进、城市发展空间场景加速重塑三大发展机遇。北京建设全球数字经济标杆城市在面临发展机遇的同时，还存在突破关键"卡脖子"技术难、国际竞争力企业培育不足、领军人才团队培育供给难、统筹发展和安全双目标难的问题。北京建设全球数字经济标杆城市呈现出"数实融合"新场景持续深化、构建面向未来城市产业体系、数字经济创新技术加快变革的发展趋势。

一、基础条件

北京建设全球数字经济标杆城市的基础条件主要包括建设步伐稳定推进、出台顶层实施方案、推动设施建设立法。

（一）建设步伐稳定推进

在 21 世纪之前，北京就在开始布局建设数字经济城市。1999 年 11 月，时任北京市市长刘淇在第一届数字大会上正式提出"数字北京"的概念，并推动数字北京实施计划。这是北京基于整座城市的信息化建设方案，率先提出了"数字北京"的概念。2002年12月，数字北京位置服务网站正式上线，2003年6月，北京市全球卫星定位综合服务系统开始上线运行，北京市城市公共基础设施，位置精度达到一两厘米。2008年，在北京举办的第29届奥运会上，北京市的地理空间信息为奥运顺利举办发挥了重要的作用，主要服务于奥运的秩序保障、应急预案、交通运输、智慧城市以及食物食品安全等方面。在此期间，一批以数字技术为支撑的数字化应用涌现出来，进一步彰显了北京"数字奥运"的魅力。2012年，北京开始部署智慧城市建设，印发了《智慧北京行动纲要》，第一次在市级层面明确了智慧城市建设的发展目标、行动计划和关键举措，并提出从"数字北京"向"智慧北京"建设转变。2017年，《北京城市总体规划（2016—2035年）》提到要着力建设绿色、智慧、宜居的城市群，推动京津冀信息化智慧化发展。近年来，顺应新一轮科技创新发展浪潮，北京于2020年率先提出要建设全球数字经济标杆城市，"数字北京"的内涵变得更丰富。2022年3月23日，北京经信局发布《北京市"十四五"时期智慧城市发展行动纲要》，提出了包括夯实智慧基础、便利城市生活、提高政务效能、促进数字经济发展、保障安全稳定、强化领域应用等在内的主要任务，更明确了数字北京建设的任务指南，稳定推进北京数字经济标杆城市建设步伐。

（二）出台顶层实施方案

2021年8月，在由北京市、国家发改委、工信部等联合举办的2021全球数字经济大会上，北京市发布《关于加快建设全球数字经济标杆城市的实施方案》。该方案不仅明确了北京建设数字经济标杆城市的发展战略和愿景目标，还明确了具体建设的路线图和施工图。该方案提出了北京建设成为全球数字经济标杆城市的三大阶段目标：第一阶段，到2022年，要巩固北京国内标杆城市地位；第二阶段，到2025年，北京要进入国际先进数字经济城市行列；第三阶段，到2030年，北京要建设成为全球数字经济标杆城市。该方案为进一步加快形成开放领先的新型数字社会生态、率先构建面向未来的数字经济新体系明确了八项主要任务，主要包括城市基础设施、数据要素资产、国际数据枢纽、未来标杆产业、数字创新技术、数字社会生态、数字经济规则以及发展测度体系。与此同时，为了推动该方案能够落实见成效，北京提出了"六大标杆工程"，倡导"标杆企业"充分参与，政府将做好相关保障。"六大标杆工程"主要有创制数字城市空间操作系统、建设超级算力中心、建设北京国际大数据交易所、打造高级别自动驾驶全场景运营示范、建设跨体系数字医疗示范中心以及建设数字化社区，推动形成以点带面、局部实行重大突破的带动效应。

（三）推动设施建设立法

数字经济标杆城市建设离不开立法保障，为推动北京数字经济建设，2022年11月，北京人大常委会通过了《北京市数字经济促进条例》，并定于2023年1月正式实施。该条例进一步加快了数字城市基础设施的建设，主要包括两方面：一是建设包括信息网络、算力、新技术等新型数字城市基础设施；二是加快推进传统基础设施数字化改造升级。该条例对北京市特色的智慧城市建设提出了制度设计，主要包括"三要素""两条路"。"三要素"主要包括数字基础设施、数据资源和信息技术三方面，明确提出具有北京特色的智慧城市建设。条例对数字经济发展的"三要素""两条路"提出了制度设计。该条例也对信息网络、算力和新技术等基础设施的建设做了要求，此举将助推北京数字经济的建设与发展。而"两条路"主要是指数字产业化和产业数字化。在数字产业化方面，条例列明了其技术创新、产业发展方向和企业发目标，并对数字化转型提升的产业领域及推动措施有了具体要求。

二、发展现状与特征

北京建设全球数字经济标杆城市呈现出数字经济引领经济快速发展、数字经济促进品牌经济发展、数字基础设施加快推动布局、区域协同创新发展格局显现、持续推进政策制度体系建立五大发展现状与特征。

（一）数字经济引领经济快速发展

北京建设全球数字经济标杆城市是"五子"任务之一，是推动新时期北京发展的重要因素，为加强北京"四个中心"建设提供有力支撑，提升了北京城市治理水平。

近年来，据统计，北京市数字经济产业快速发展，数字经济规模体量得到稳步增长，数字经济已经成为助力北京加快建设全球数字标杆城市的重要推动力。北京数字经济规模由 2015 年的 8719.4 亿元提高至 2022 年的 1.7 万亿元，年均增速高达 10.3%，全力带动全市经济稳步发展，数字经济占 GDP 的比重也由 2015 年的 35.2% 上升至 2022 年的 41.6%。2022 年，数字经济的核心产业增加值达到了 9958.3 亿元，占全市 GDP 的比重达到了 23.9%。2023 年第一季度，北京市数字经济产业实现了良好的开端，经济规模实现增加值 4265.7 亿元，同比增长 7.6%，占 GDP 的比重达到了 42.9%，同比提高 1.7 个百分点。数字经济中的人工智能、区块链、信创以及工业互联网等核心产业规模均居全国之首。其中，人工智能和工业互联网产业规模超千亿元，集成电路装备产业集群全国规模最大，12 英寸晶圆制造月产能居全国第一、全球第五，建成全球首个网联云控式高级别自动驾驶示范区，创建"数字 +"消费新生态，三里屯商圈被商务部评为首批全国示范智慧商圈。

（二）数字经济促进品牌经济发展

数字经济时代，数据成为新的生产要素，产生了相应的创新和新的经济形态。数字经济通过成本节约效应、溢出效应、异质性效应，促进城市品牌经济发展。

一是成本节约效应：信息成本降低。品牌成本是指品牌从生产到消费过程中产生的成本，具体包括信息搜寻成本、选择成本、运输成本等，其中信息成本在理论和实践中已得到广泛认同。数字经济从交易前、交易中和交易后三个阶段降低品牌信息成本。在交易前阶段，数字经济电子商务改变传统流通模式，生产方借助互联网可以更有效地获取新市场信息，有效降低市场中因供需信息不对称（罗珉，2015）带来的风险，提高信息传递效率，从而有效降低品牌信息搜寻成本。在交易中阶段，数字经济时代，信息成为改变交易模式和降低交易成本的关键要素。品牌通过利用电子商务交易平台避免被中介抽取撮合交易费。时间和财务成本上的节约，降低了品牌交易成本，使品牌能够频繁地从事交易活动。在交易后阶段，以数字技术为基础的第三方支付平台的快速交易和担保功能可以降低品牌交易风险和成本。

　　二是溢出效应：品牌交易市场的扩展。依托数字经济，品牌交易之间人流、物流、信息流、资金流及交易流的协调时空被放大，交易市场外延得以拓展以及交易量不断增加，实体经济和虚拟经济实现统一，对品牌交易产生溢出效应。首先，数字经济拓展品牌交易的市场边界，数字经济具备无限虚拟容量，通过时空无界性压缩或扩大世界联系的能力，将品牌市场供给方和需求方的数据进行集中化的搜集处理再加以扩散，在全球范围内无限制地扩大品牌销售网络，数字技术的应用使得品牌的价值创造和实现可以在实体物理空间与虚拟空间同时进行，为品牌买卖双方提供了物理空间无法比拟的交易机会，优化了品牌传播路径，改变了交易场所、拓展了交易时间、丰富了交易品类、加快了交易速度、减少了中间环节，扩展了品牌交易市场的边界。其次，数字经济有助于品牌规模效应的提升。数字经济通过规模经济、范围经济长尾效应，加速区域内外消费者、企业、行业和产业集群，以及资本、人才、技术、创意、信息等一切有利于品牌经济发展的要素集聚，是品牌经济发展获得丰富资源和持续动力的重要途径。数字经济正在逐渐克服传统经济的约束和限制，品牌能够借助数字技术实现远程交易，虚拟品牌社区、品牌短视频等长尾化的品牌传播可以实现规模价值提升。

　　三是异质性效应：品牌供需方的影响。数字经济时代，互联网连接生产和消费，对品牌经济异质性作用体现在供给和需求两个方面：基于亚当·斯密的分工理论，品牌依托数字经济可以借助互联网直接与消费者交易，有利于品牌发挥规模优势和分工优势，品牌生产者可以用更低的信息成本从更大范围的地理区域获取信息，借助互联网平台进入市场，直接参与市场竞争，丰富了品牌销售渠道。互联网环境下价格竞争总体上削弱了中间交易环节，有效提升了品牌交易效率（谢莉娟，2015）。在需求方面，消费者可以借助互联网平台直接参与品牌研发、设计、交易，互联网降低了消费者的品牌转换成本，提高了品牌认同度和品牌忠诚度（Heima and Sinha，2001）。同时，价格竞争加剧、价格降低和供应多样性（Dixit and Stiglitz，1977；Brynjolfsson et al.，2003）给消费者带来了一定的福利。

　　（三）数字基础设施加快推动布局

　　建设全球数字经济标杆城市离不开数字基础设施建设。近年来，北京市大力推动数字基础设施建设，全力建设新型基础设施。具体建设内容主要包括以下几个方面：

一是新型网络基础设施，扩大 5G 网络建设规模，优化和稳定卫星互联网产业空间布局，并加快构建以服务京津冀协同发展并辐射全国产业升级的工业互联网体系。

二是加快建设数据智能基础设施，主要是强化大数据平台建设，提升"算力、算法、算量"基础支撑，并推进数据中心从存储型向计算型升级。

三是推动科创平台基础设施建设，打造与重大科技基础设施协同创新的研究平台体系，并构建多领域、多类型、协同联动的重大科技基础设施集群，加强新型研发机构建设，打造产业创新平台体系，以及培育发展高端制造业集群促进机构。

四是推动智慧应用基础设施建设，主要推动智慧交通、互联网医疗、优质线上教育产品、建设智能协同办公平台以及互联网 + 物流创新工程等内容。

（四）区域协同创新发展格局显现

数字经济城市建设需要各区域和功能区的协同推进。北京数字经济全球标杆城市建设坚持坚持"一盘棋"谋划，各行政区充分结合各自定位和优势资源禀赋，因地制宜发展数字经济城市建设，"一区一品"发展格局初显。

当前，北京市数字经济城市建设已经形成了三个发展梯队：第一梯队是以城六区为主的数字经济引领发展区，形成了数字经济核心产业集聚发展、数字技术赋能业态转型升级的发展特色。第二梯队是以城市副中心和平原新城为主的数字经济先行先试区，不断强化数字经济顶层设计，承接中心城区创新成果，数字制造、智慧交通等领域持续创新。第三梯队是以生态涵养区为主的数字经济特色发展区，紧抓自身特色和资源禀赋优势，因地制宜打造能够彰显区域特色品牌的数字经济领域。

此外，北京市形成了以中关村软件园为引领，自动驾驶、网络安全等新兴园区为亮点，各区差异化产业品牌园区多点协同的数字经济园区发展体系。

（五）持续推进政策制度体系建立

建设全球数字经济标杆城市离不开政策制度的支持。近年来，北京市积极推出一大批数字经济城市建设领域的政策组合拳，持续稳步推动加快建设全球数字经济标杆城市。目前，北京市已经初步构建了"1+3+N"制度框架体系。其中，"1"是指数字经济立法，具体是指《北京市数字经济促进条例》，已正式颁布实施。"3"是指政策开放、标准创制和测度体系三维支撑。其中，政策开发主要是指已经发布的《北京市数字经济全产业链开放发展行动方案》，构建数据驱动未来产业发展的数字经济新体系。标准创制主要是指成立全国首家数字经济领域的地方标准化非法人技术组织——北京市数字经济标准化技术委员会。测度体系主要是指基本建立北京建设全球数字经济标杆城市统计监测体系并开展统计监测。而"N"是指多个领域的数字新规则不断探索创新和完善，主要是利用"两区"优势，开展规则探索；围绕软件和信息服务业、高端仪器装备和传感器产业、数字产业等重点领域，出台促进产业发展的支持政策；完善数据要素关键环节政策保障，发布北京市公共数据管理办法、数据分类分级指南、数据交易服务指南等系列政策指引。

三、发展机遇

北京建设全球数字经济标杆城市面临着国际科技创新中心迈向新征程、北京数字经济新基建加速推进、城市发展空间场景加速重塑三大发展机遇。

（一）国际科技创新中心迈向新征程

数字经济不仅是科技创新的重要支持，也是推动科技创新的重要抓手。当前北京市全力建设国际科技创新中心。为强化科技统筹布局，北京先后编制实施了《"十四五"北京国际科技创新中心建设战略行动计划》和《北京市"十四五"时期国际科技创新中心建设规划》。2023年5月，科技部会同12部门发布了《深入贯彻落实习近平总书记重要批示精神　加快推动北京国际科技创新中心建设的工作方案》。该方案明确提出，到2025年"北京国际科技创新中心基本形成"，主要体现在以下五个方面：一是基本形成北京国际科技创新中心；二是成为世界创新策源地、全球创新要素汇聚地；三是在世界主要科学中心建设取得重要成效；四是在主要创新高地建设方面，要取得明显进展；五是基本形成具有全球竞争力的创新生态。此外，在 2023 中关村论坛上召开的"全球工程创新论坛"上，《北京国际科技创新中心建设情况评估报告》正式发布。该评估报告指出北京原始创新和科技源头供给能力实现了稳步提升，初步建成具有全球影响力的科技创新中心。国际科技创新中心的建设，将进一步推动北京建设全球数字经济标杆城市的步伐。

（二）北京数字经济新基建加速推进

数字经济的发展离不开数字经济新基建的建设，只有数字经济新基建体系建设完善，北京建设全球数字标杆城市才能得到更好的发展。一是通过加快布局数字新基建能够助力地方经济快速发展。当前，全社会仍然处于后疫情的经济恢复中，对数字新基建的需求有一定幅度的提升。二是传统基础设施的数字化转型发展空间十分广阔。当前数字经济与传统基础设施不断融合，正在形成高效、智能以及便捷的数字化基础设施，将助推经济社会加快向数字化时代变迁发展。2023 年 2 月，《关于北京市 2022 年国民经济和社会发展计划执行情况与 2023 年国民经济和社会发展计划的报告》提出，2023 年北京市将新建 5G 基站 1 万个以上，推动 5G 实现从基站的全覆盖到应用的全覆盖，系统推进新型基础设施建设，主要包括新一代数字集群专网、高可靠低时延车联网、工业互联网、卫星互联网和边缘计算体系等，并推进 6G 技术研发。

（三）城市发展空间场景加速重塑

随着新技术、新产业、新业态、新模式的发展，城市的生产方式、生活方式、组织方式将产生颠覆性变化，城市空间作为人类生产生活的基本载体，将呈现出新的布局模式和功能变革，创造出更多新的实体空间和虚拟空间。新一代信息技术、生物科技、人工智能、新能源、新材料、智能交通技术等代表了新科技革命的前沿领域，率先影响城市空间的功能变革，推动城市空间、功能同城化发展，城市空间布局结构也将由单中心朝多中心、网络化方向发展，创造出全新的城市虚拟空间，推动城市功能整体跃升，实现城市各功能空间的无缝对接和整体智能协作。实体空间与虚拟空间的融合，将创造出更具效率的城市运行体系，催生出新的空间形态，如无人工厂、无人商店、无人驾驶等。现代产业体系强调生产要素特别是创新要素与实体经济协同发展，数字经济快速发展，促进科技创新、现代金融、人力资源等要素通过信息技术的融合性、渗透性特点，加速与实体经济协同发展，推动各项要素资源落实到实体经济上。数字经济促进传统产业转型实现"去产能"，电商激活地方经济实现"去库存"，一站式投融资服务实现"去杠杆"，人工智能赋能企业实现"降成本"，新兴产业带来机遇实现"补短板"。

四、发展问题

北京建设全球数字经济标杆城市在面临发展机遇的同时，还存在突破关键"卡脖子"技术难、国际竞争力企业培育不足、领军人才团队培育供给难、统筹发展和安全双目标难的问题。

（一）突破关键"卡脖子"技术难

建设全球数字经济城市的根本是数字技术创新，只有数字经济技术创新突破并实现引领，才能推动北京向全球数字经济城市向标杆地位纵深迈进。近年来，北京持续推进国际创新中心建设，大力推动基础科学研究布局优化，加快形成以国家实验室、国家重点实验室、综合性国家科学中心、新型研发机构、高水平高校院所以及科技领军企业为主体的战略科技力量体系化，在支撑北京数字经济城市关键技术方面在国内处于相对领先水平。但是北京与国家领先技术地区项目，在某些关键领域还存在着一定的差距，一些与数字经济城市布局的关键技术能力研发还相对薄弱，例如高端5G芯片、高频器件等核心元件与实现国产替代还有差距，自主可控系统领域市场占有率较低，人工智能产业在基础理论、核心算法以及关键设备等方面重大原创成果少等。

（二）国际竞争力企业培育不足

数字经济城市的发展基础是有数字经济产业的支撑，而数字产业经济主要依靠有影响力的企业的支撑，所以培育国际有竞争力的企业也是北京建设全球数字标杆城市的重要抓手之一。当前，北京市已经涌现诸如百度、京东、字节跳动、小米、美团等一批在国际国内有影响力的龙头企业，且在 ICT 领域的独角兽公司数量也遥遥领先。此外，还有一批数字经济创新技术企业也在快速成长，加速带动北京市数字经济产业发展，进一步助推了数字经济城市建设。但是，北京市的数字经济产业目前呈现出一种"有高原无高峰"的现象，即没有出现具有国际竞争力的企业。

近年来，受国际国内政策、经济、疫情等多方面冲击，在国外上市的数字经济相关企业在资本市场上表现一般，且部分企业受到相关监管部门更加严格的审查管理，给国内企业欲通过海外上市融资发展带来了较大的挑战。在此背景下，北京应该提早布局，着眼于未来发展产业格局，加大培育创新企业，助推数字经济标杆城市建设；要通过大力挖掘、服务、培育等系列精准措施，打造一批具有全球竞争力的龙头企业和领先集群。

（三）领军人才团队培育供给难

全球数字经济标杆城市发展最重要的是人力培育。人才资源不仅是建设北京全球数字标杆城市的重要基础条件，也是必不可额少的关键要素。近年来，北京大力推进人才体系建设，为全球数字经济标杆城市建设注入了强劲动力。但是，随着数字经济标杆城市的建设持续向纵深发展，数字经济行业快速发展，数字经济标杆城市建设需要了解、掌握新技术和新技能的跨学科人才的需求加速增长，同时对全民数字素养也提出了一定的需求。主要表现在以下几个方面：一是数字经济城市建设的人才结构与需求不太匹配，在人工智能、高端芯片以及量子计算等前沿新型领域的顶尖人才比较缺乏。二是传统的软硬件编程及工程师人数较多，其主要背景大都集中于计算机科学、软件工程等领域，而对具备数字经济技术和行业的跨界人才需求较大，能够胜任数字化管理、数字化营销、数字化城市等方面的人才供给明显不足。三是当前面向数字经济城市建设的人才培养体系还未有效建立，学校教育不能适应产业和市场的发展，还需加快构建完善的社会培养体系。

（四）统筹发展和安全双目标难

全球数字经济标杆城市最终核心的要素是数字经济，最根本的要素是数据。近年来，国家层面不断加大对数据统筹发展的推进力度。数据作为不同于传统三次产业的新要素，在引发社会安全和良性发展并生共存、做好动态平衡的现象比较突出。

当前，数据安全对于个人、企业、组织和城市是一个新的发展命题。在快速推动数字经济城市发展的同时，应该平衡好安全与发展的关系，要构建有利于数字经济城市发展的安全防护体系。当前，在围绕数字经济城市的数据安全方面还存在较大的争议，这些争议主要体现在保护对象、具体手段、宽严程度等方面。在加强城市和个人的隐私保护、维护数据安全方面还存在公权力与私权利的平衡、企业和用户的权责分配、公开与因素的范围界定等难题。

五、发展趋势

北京建设全球数字经济标杆城市呈现出"数实融合"新场景持续深化、构建面向未来城市产业体系、数字经济创新技术加快变革的发展趋势。

（一）"数实融合"新场景持续深化

数字经济标杆城市是数字经济在城市发展实体空间上重要的应用场景，当前北京数字经济正进一步快速发展，产业数字化融合的"数实融合"发展体系正在快速形成。

一是农业数字化逐步成为示范引领，相关数据显示，北京市数字农业农村总体水平，2022年较2020年稳步提升5.33个百分点。北京市农村地区固定宽带通达和光纤网络行政村通达已经达到100%覆盖，而在农区菜田信息化应用方面，也实现了超30%的覆盖率。

二是工业数字化正提速发展。据统计，截至2022年底，北京市的工业互联网平台、接入资源、国家级智能制造系统方案供应商的梳理均居全国首位，其中工业互联网标识解析国家顶级节点北京已上线71家一级节点，位居五大顶级节点之首。这进一步推动工业企业上云数量逐年增长，规模以上工业企业上云上平台率达到42%，中小企业上云上平台用户超25万家。

三是服务业数字化加快向纵深发展。北京市出台《北京市生活服务业数字化转型升级工作方案》，提出要围绕数字化运营全链条，以住宿餐饮、超市便利、蔬菜零售以及家政等业态为重点对象，通过"一业一策"提升生活服务行业数字化营销、管理和供应链水平，并持续着力打造"一刻钟便民生活圈"。北京市修订完善"互联网＋流通"创新示范项目支持政策，重点培育发展智慧流通平台、新零售、直播电商等新业态、新模式。

（二）构建面向未来城市产业体系

全球数字经济标杆城市需要产业支撑，产业是持续渐进迭代的过程，在建设全球数字经济标杆城市下，北京市正在加快构建面向未来城市产业发展体系。未来产业是重大科技创新产业化形成的前沿新兴产业，能够代表未来科技和产业发展的新方向，能够对城市的经济重构和社会变迁发展起到关键性及引领性作用，也能推动城市持续保持领先地位。在全球著名前沿科技咨询机构 ICV 联合光子盒发布的首个年度《全球未来产业发展指数报告》（GFII 2022）中，北京在"未来之城"综合排名中位居全球第二。北京着力于未来产业战略布局，北京市科委、中关村管理委员会等 5 部门印发的《标杆孵化器培育行动方案（2022—2025 年）》，为北京未来产业培育按键下加速键。当前北京市正在关键领域建设标杆孵化器，包括原始创新药研发、基因科技技术、智能硬件系统、量子信息科学、类脑智能科技、元宇宙、未来网络系统、智能能源科技以及关键科技材料等领域，进一步支撑包括前沿科技成果转化和硬科技企业孵化，推动科技与产业深度融合。

（三）数字经济创新技术加快变革

近年来，北京积极打造原始创新策源地，推动数字经济创新技术加快变革。

一是积极布局新兴研发机构。近年来，北京快速落地了一大批新型研发机构，并不断调动起"最强大脑"的创新创造潜能，主要是推进建设新的运行机制、新的财政支持、新的绩效评价体系，即"三新体系"。

二是推动一批"大国重器"布局。当前北京怀柔科学城已成为全国重大科技基础设施集聚度最高的区域之一，综合极端条件实验装置、地球系统数值模拟装置等一批"大国重器"破土而出。

三是推动科技金融创新。科技金融能够推动数字经济快速建设，北京加快打造服务创新型中小企业主阵地，并持续深化新三板改革，设立北京证券交易所，全力助力金融科技创新。近年来，长寿命超导量子比特芯片、马约拉纳任意子、"天机芯"、量子直接通信样机、新型基因编辑技术、"悟道""长安链"等世界级重大创新成果喷涌而出。

第二节 北京建设全球数字经济标杆城市的思路

本部分基于北京建设全球数字经济标杆城市现状，提出北京建设全球数字经济标杆城市应当全力集聚创新要素和创新网络、全面扩大数字经济新场景应用、全方位强化创新示范引领作用、全速推进数字化流通要素贯通、全域推动品牌数字化体系建设。

一、全力集聚创新要素和创新网络

北京打造全球数字经济标杆城市，要着力形成标杆引领作用，所以应该进一步持续聚集具有全球影响力的创新要素和创新网络体系。具体来看，可以从三个方面着手：

一是不断优化创新集聚方式，紧密跟踪全球创新集聚的新方式和新动向，加快构建开放式共生式创新集聚体系，通过优势互补协作，完善北京市创新集聚能力，通过建设全球创新中心、新型研发中心、新型科技成果转移转化中心等，形成创新集聚能力，加快构建具有全球影响力的创新要素集聚节点。

二是要持续丰富创新内涵，数字经济城市包括科技创新、经济产业、理念文化等多方面内容，要进一步向跨领域全系统创新转变，打造成为创新、创业、创业交织融合的综合创新体系，推动北京市打造成为全球创新体系的标杆。

三是要不断完善创新发展模式，要加强跨区域创新协同合作，要与全球领先的科技创新城市协同合作，如与美国大硅谷地区、大纽约地区、英国伦敦地区、日本东京都地区等合作，要不断强化自身优势体系，补强自身弱势，建设成为具有全球竞争力的创新强引力区，最终将北京打造成为具有引领全球的数字经济标杆城市。

二、全面扩大数字经济新场景应用

建设数字经济新场景是建设数字经济标杆城市的重要抓手和可行性实践。近年来，北京已经建设了一大批数字经济新场景示范基地，涉及城市精细化管理、传统产业转型升级、重大建设工程项目及民生服务保障体系等，助力底层技术创新转化能力，提升了政府管理城市的服务水平，为北京建设数据经济标杆城市探索了新路径。下一步，北京市应该进一步加强数字经济城市新场景建设，要全面梳理总结已有场景建设的经验和不足，打造成为推动数字经济标杆城市建设的新优势。一方面要推动建设 7 × 24 小时全覆盖的城市新应用场景，要积极推动域内高校、科研院所、企事业单位、政府相关部门和相关区县等加强跨界联合，推动城市创新应用体系的建设。另一方面要不断提升数字经济城市新应用场景的营造能力，进一步提升全市民对于新场景应用的参与度和感知度，要不断激发全市各界的积极主动性，自主形成发现新场景、谋划新场景、布局新场景、推广新场景的正向循环体系，并定期更新并发布新场景体系，丰富新场景内容。

三、全方位强化创新示范引领作用

打造全球数字经济标杆城市要持续强化引领示范作用，才能形成全方位标杆作用。近年来，北京已经在数字经济基础设施建设、先进技术创新突破、示范项目带动引领以及领先标杆企业培育等方面进行了一系列探索，已经形成了一大批新试点、新模式、新标杆。北京要进一步推动标杆项目落地示范，要集聚包括市民、企业、社会组织、龙头央企以及区域政府等在内的要素合力。具体可以从以下两个方面着手推进：

一是要推动典型成果通过先行先试、规范化应用、市场化拓展等，打造一批具有可复制、持续迭代的创新成果，推动标杆项目形成示范引领作用。各功能区和产业园区要依托自身优势，通过错位布局，形成具有区域特征的数字经济标杆城市引领示范。要加快鼓励域内各项创新要素和创业载体积极参与北京数字经济标杆城市建设行动，抢占数字经济城市治理话语权。

二是要持续总结各项涌现的创新示范引领成果，不断完善相关支持政策，鼓励多方参与，为数字经济标杆城市建设献计献策，进一步丰富策略实施路径。

四、全速推进数字化流通要素贯通

流通体系建设是支撑城市发展有序发展的主动脉，为城市发展提供各种生产要素，也承担着城市商品价值的实现，故在建设数字经济标杆城市下，也要全速推进北京市数字流通要素进一步贯通。

一是要搭建数字化流通平台。要持续完善数字流通网络体系，打造成为内外互通联动的数字化流通平台，提高流通企业信息共建共享，打造成为全面化、智能化的现代数字流通体系。

二是建设产品溯源平台。要通过大数据、云计算、人工智能等技术，打造贯穿从产品生产到运输到销售全流程跟踪平台，以数字化平台为基本依托，打造成为可追溯产品数据、明晰的产品责任和可共享的信用数据，推动现代流通体系数字化建设。

三是建设数字流通金融平台。产业的发展离不开金融支持，要充分发挥北京数字金融发展优势，推动银行、保险、证券、企业财务公司、PEVC等机构形成数字流通供应链金融平台，为数字流通企业开展供应链创新与应用提供金融支持。

五、全域推动品牌数字化体系建设

数字经济标杆城市建设离不开品牌的支持，所以推动北京品牌数字化建设也至关重要。利用数字经济新优势，从提升数字经济研发水平、强化数字经济基础设施、改善数字经济市场环境、推进数字协同品牌生态建设四个方面促进品牌经济发展。

一是提升数字经济研发水平。为科技创新、成果转化、产权保护和人才培育等提供支持，提升数字经济研发水平，从而促进品牌创新发展。确立发展品牌经济的数字化战略目标、发展路径、实施方案、保障措施等，制定数字化品牌创新发展规划，为进一步提升数字经济研发水平创造条件。

二是强化数字经济基础设施。构建全产业链协同的数字化网络，建设数字化公共服务平台和城市大数据平台，重构城市智慧型物流体系。加强网络基础设施建设，弥补区域网络基础存在的"数字鸿沟"，推进数字技术与制造业和服务业的融合，为数字经济在品牌经济领域进一步发挥辐射带动作用提供支持。加强数字贸易服务平台建设，完善网络平台的服务功能，构建网络一体化的市场。

三是改善数字经济市场环境。借助云计算分析技术对品牌发展的经济环境、行业市场、品牌自身运营、消费者行为等大数据分析，为品牌战略管理提供科学支撑。通过支持发展消费者数据运营体系、共创供应链、全渠道整合与分销、现代化智慧物流等智慧化体系实施品牌数字化运营。政府通过营造好的数字市场环境、高效的数字公共服务、适度的资金支持、共享的公共服务平台支持引导品牌经济发展。

四是推进数字协同品牌生态建设。搭建城市品牌经济与数字经济数据共享平台，推进品牌企业数字化发展，对品牌数字化平台的建设给予相应的政策倾斜和税收优惠，发挥数字平台的产业链纽带作用；以政府为主导，科研机构、企业、行业联盟协同，构建包括互联网网络、云计算、大数据、应用端口、传统互联网节点等在内的综合一体化数字设施体系，为品牌经济发展提供支撑。

随着数字经济的快速发展，品牌数字化体系建设也取得不少进展。但是，北京品牌数字化建设存在着一定的现实挑战，如持续分化的外部受众、需重新定义的品牌价值、日益复杂的营销体系以及更高要求的品牌业务发展。在数字经济发展时期，各类小众群体、亚文化族类、新成长年龄群体等持续兴起，外部受众需求将进一步碎片化发展，而不能再以传统的品牌战略对不同人群基于不同维度的细分。推动品牌数字化体系建设可以从两个方面入手：

一是加快推动北京数字新品牌建设，加快推动数字产品建设，壮大数字产品体系，通过数字化品牌政策、数字化品牌服务体系、数字化品牌园区建设以及数字化品牌金融支持等，培育一批数字化领军品牌，带动品牌上下游共同发展。

二是强化孕育品牌发展新动能，支持北京领先品牌进一步利用人工智能、大数据、虚拟现实、元宇宙等创新技术，强化品牌的创造、运营、营销能力，通过数字化进一步拓展品牌的新内涵新空间新内涵。

第三节 全球数字经济标杆城市建设下北京数字流通发展现状与存在的问题

北京数字流通发展呈现出网络消费迅速发展、新兴流通企业竞争力增强、传统商圈数字化改造升级、老字号企业触网销售、积极探索新业态新模式的发展现状，同时存在大多处于数字化初级阶段、体验场景化还未广泛形成、传统企业数字化发展阻力大、全面系统的数字化有待加强的问题。

一、北京数字流通发展现状

（一）网络消费迅速发展

随着数字经济的发展，北京市网络消费增长迅速。国家统计局资料显示，北京市网上零售额由 2010 年的 120 亿元增至 2022 年的 5485.6 亿元，增长超过 44 倍，占社会消费品零售总额的比重从 2010 年的 2% 增至 2022 年的 39.7%。2022 年，在北京市社会消费品零售总额下降 7.2% 的背景下，网上零售额逆势增长 0.4%，网络零售已成为拉动北京市消费增长、促进消费升级的新动力和新生力。调查数据显示，2022 年北京街道超过 60% 的受访者线上消费的频率每周在 2 次以上，超过 25% 的受访者几乎每天都有线上消费。受访者线上的消费内容涉及生活用品、生鲜食品、餐饮外卖、生活服务等社区商业的各个领域，其中生活用品、生鲜食品以及餐饮外卖是受访者线上消费支出最多的内容。对北京某商圈的调研显示，2022 年受访者中平均每周 2 次的用户网上消费的频率占 24.92%；平均每周 3 到 5 次的占 24.62%；几乎每天都买的占 21.85%；平均每月 1~3 次的占 18.92%；偶尔上网消费的占 7.38%；几乎不上网消费的占 2.31%。由此可见，线上消费已经成为北京居民消费中必不可少的重要内容。

（二）新兴流通企业竞争力增强

北京的美团、京东和小米三家新流通企业入选 2022 年度 BrandZ 最具价值全球品牌排行榜，其中美团列第 51 名、京东列第 60 名、小米列第 97 名。北京的美团、京东和小米三家零售品牌入选"2022 全球最有价值零售品牌 100 强"[1]，其中美团的品牌价值达到 450.51 亿美元，京东的品牌价值达到 368.12 亿美元，小米的品牌价值达到 216.53 亿元。除此之外，京东入选德勤（Deloitte）发布的 2021 年"全球 250 强零售"，京东升至第九位，这也是中国零售企业首次进入全球十强，入围全球 50 家增速最高零售商名单[2]。此外，国美列全球第 169 位。京东、小米、国美分别位列"2022 中国网络零售 TOP100"第一、五、七位。

---

[1] 英国品牌评估机构"品牌金融"（Brand Finance）：《2021 全球最有价值零售品牌 100 强"排行榜》，2021 年 2 月。

[2] 德勤（Deloitte）：《2022 全球零售力量》，2022 年 6 月。

（三）传统商圈数字化改造升级

传统商圈、"一店一策"传统商场等通过"场景＋转型＋智能"多维度升级，实施消费新地标打造行动，提升"北京消费"的全球吸引力。如三里屯、蓝色港湾、望京等商圈搭建"云逛街"平台，打造数字消费商圈。其中，北京 CBD 管委会联动 CBD 商圈联盟，协同区域内多个品牌商家，共同打造的全新数字商圈"元宇宙·第二三里屯商街"于 2023 年 1 月正式上线，消费者可以在线上体验沉浸式逛街，并能享受到与线下同步的新品首发和折扣活动；北京坊利用"5G ＋华为河图"技术，实现了智慧科技场景覆盖，市民可使用数字人民币及数字钱包，感受便捷安全的支付方式，体验沉浸式观看京剧，让街区百年建筑焕发新活力。

（四）老字号企业触网销售

代表首都文化底蕴的"金名片"北京老字号依托数字技术积极跨界合作，加强跨界产品和服务创新，不断开发出跨界新产品。调查报告显示，截至 2021 年 10 月，70% 左右的北京老字号已实现触网销售，50% 左右的北京老字号企业开通线上直播并取得成效。如内联升第五代传人在直播间现场演示内联升的手工布鞋技艺，并频繁与直播间的观众互动、发放红包、讲解产品信息等，促进消费；菜百首饰与故宫、颐和园、天坛等文化 IP 合作，以传统文化为主题上新系列黄金珠宝饰品；以烤鸭闻名京城的"便宜坊"联合新中式精品点心品牌"于小菓"打造创意点心；首农食品集团启动"首农美好拾光计划"，推出老字号集群 IP 等；北京菜百首饰通过不断增加直播频次，让现场销售员成为直播主播，为线上客户讲述相关产品的品牌故事，并为消费者讲解产品亮点，推动品牌影响力和业绩增长。

（五）积极探索新业态新模式

近年来，北京零售企业积极布局零售新业态，以智能零售、直播带货、社区团购、无接触配送等为主的新兴消费业态发挥了稳经营、稳消费的重要支撑作用，也为传统消费求新谋变、提质升级创造了条件，更为市场回暖、经济发展注入了新动能。

一是在智能零售方面，以智能便利店为代表的便民商业迅速发展，如北京地铁首家智能无人便利店在地铁 7 号线欢乐谷景区站试点运营；国际零售巨头沃尔玛在北京亦庄经济开发区的智能购物车在购物的同时可以实时提供打折信息,实现了消费者和商品沟通零距离。

二是在直播带货方面,京东开通北京非遗老字号直播渠道——"京城非遗装点美好生活"在线宣传展销,东来顺、内联升、荣宝斋等13家非遗老字号参与了这场为期三个月的直播带货活动。

三是在社区团购方面,十荟团、松鼠拼拼、每日一淘、每家优享等通过借助社区团购微信群+社区团购小程序将社区团长、消费者和供应商商家聚合在一起进行管理;互联网巨头滴滴旗下橙心优选、美团优选等积极在北京布局社区团购;北京家乐福启动"社区服务运营官",主要以门店为依托,为门店周边三公里范围的社区提供服务,及时有效地传递需求、服务信息等,为下沉市场、精准定位、有效服务提供强而有力的支持和帮助。

四是在以美团买菜为代表的前置仓集仓储、分拣、配送于一体,通过大数据精选2000个左右的商品,满足居民一日三餐所需的高频、刚需商品;京东到家和美团外卖等依靠电商平台与末端配送实现到家服务。

五是在垂直类电商、社交电商开设线下体验店,如完美日记线下体验店设有互动区域,增加互动环节拉近品牌和用户的距离,增强了体验性和趣味性;以"盒马鲜生""永辉超级物种"为代表的实体店自营线下门店+线上平台模式创新社区服务体验。

二、北京数字流通发展存在的问题

(一)大多处于数字化初级阶段

数字化发展阶段可以划分为信息化、线上化、数智化和平台化四个阶段。其中,信息化主要指业务系统信息化;线上化是指实现线上化布局,通过线上引流或销售,形成线上线下全渠道运营;数智化是指通过数字化分析决策,并实现智能化,提升运营效率和财务效率;平台化是指整个行业实现全数智化,通过数字化赋能行业整体水平提升。笔者通过对北京市零售企业的调研观察,发现北京零售企业大多处于线上化阶段,只有部分领先企业达到了数智化初级阶段。如北京大部分餐饮零售企业已经入驻美团、饿了么等外卖平台,或者通过自建平台方式,实现线上化销售。但是这些企业基本仅将线上平台作为增加整体客流量和销售额的渠道,而并未通过数字化手段实现对应的分析决策。调研发现，北京市绝大多数的实体零售数字化发展还处于比较初级的营销数字化阶段。虽然北京市零售企业，已经尝试开展商品数字化工作，但比较低效和初级化，需要通过现场管理人员以"人肉"方式实现数据同步，使得管理人员、营业员的抱怨非常多，呈现消极态势，导致系统实施难度大幅度提高，迫切希望管理层能推动零售系统与供应商系统之间的无缝对接。

（二）体验场景化还未广泛形成

零售业数字化发展要为商家和消费者构筑长久且密切的合作关系高度依赖于消费体验的场景化。目前北京不论是传统零售还是"新零售"，商家的交易营销观念根深蒂固，消费场景化流于形式。北京许多所谓的"新零售"企业向消费者推送公众号，但登录后发现仅是一个空壳，毫无实质性内容，对购物也无任何帮助。笔者在调研北京大部分商场的发现，一般商场均已推出相应的公众号及小程序，但是这些平台仅有楼层分布、停车缴费、积分兑换等功能，其他体验场景基本没有。如北京荟聚中心，在其小程序北京荟聚俱乐部中有商户导航、会员中心、团购秒杀、自助积分等功能，而这些功能仅是辅助消费者购物，并未对商场形成较大的场景化功能。另外，线上、线下的产品和服务并未保持一致性，很多消费者在网上看见符合自身需求的商品，但是购买后发现大相径庭，许多消费者在失望之余只好退货。但退货时，部分商家态度恶劣，这样的行为给消费者带来极差的体验感。

（三）传统企业数字化发展阻力大

新冠疫情促使流通企业快速破冰或加大发展线上业务的紧迫性，也凸显了流通业数字化发展的必要性，但对于缺乏数字化能力的传统零售企业，数字化发展面临的阻力较大，主要表现在流通业数字化发展所需资金不足。数字化发展是一个系统的过程，如果要转型成功，需从企业的软件和硬件入手，涉及的面比较广，所消耗的资金也较大。近年来，在疫情的影响下，大多企业盈利水平远不及预期，甚至出现企业面临发展危机，数字化发展方面也出现资金压力。

（四）全面系统的数字化有待加强

流通企业数字化发展的关键成功要素在于建立转型适配的组织架构、运营体系以及对应的人才体系。流通业数字化发展不是一个部门或部分人的任务，是整个流通企业整体的组织任务，在企业进行数字化发展的过程中，涉及对现有组织架构、业务流程、人员编制、费用绩效等方面进行改造，必然会涉及利益关系的调整，所以数字化发展不仅需要企业最高决策者亲自推动，也需要全员参加。调研发现，北京市大部分企业是通过成立独立的数字化部门（这些数字化部门一般直接跟公司总经理汇报），以此推动数字化发展。这种组织架构对于前期开展数字化拓展有比较大的优势，但是在实际推动中，不能全面系统地推动数字化发展。而仅有不足两成的企业不仅在集团层面设立数字化中心，也在各业务线下建立数字化团队，从而实现数字化和业务的充分融合。此外，数字化人才推进力度也有限，大部分企业从外部大力招聘数字化人才，但是社会上的数字化人才较为匮乏，而企业内部培养人才的力度和速度还十分有限。

第四节 全球数字经济标杆城市建设下 北京数字流通发展对策

本部分在系统分析北京建设全球数字经济标杆城市现状、思路的基础上，针对全球数字经济标杆城市建设下北京数字流通发展的现实特征，提出全球数字经济标杆城市建设下北京数字流通发展应当加快数字化消费场景打造、大力促进数字普惠金融发展、完善流通业数字化治理体系、高度重视流通业数字化人才培养。

一、加快数字化消费场景打造

一是鼓励企业依托大数据、物联网、人工智能等数字技术深化消费者识别、市场营销、运营管理、仓储物流、产品服务等环节的数字化应用，预测消费行为和消费潜力，实现精准化营销和个性化服务，提高可视化管理、动态化响应和智能化决策水平。

二是支持构建线上线下多维立体实体场景和虚拟场景的数字化场景，

加快数字消费新业态和新模式的创新，如在北京市内商圈探索跨境电商体验消费新模式。

三是推进北京特色直播电商基地认定，充分发挥直播基地聚集效应。

四是支持建立北京数字化消费数据库，为科学制定数字化消费政策提供依据。

五是举办全球数字经济大会数字经济体验周、信息消费节，推动提升数字消费能级。

六是鼓励发展社区团购、直播电商、无接触配送、生鲜电商平台等数字化消费新业态，培育更大规模的数字消费新领域，激发北京城市消费活力与潜力。

二、大力促进数字普惠金融发展

《"十四五"国家信息化规划》提出"数字普惠金融服务"优先行动，为全面推进数字普惠金融服务建设与发展明确了重点方向。建议政府大力促进数字普惠金融发展，为企业数字化发展提供资金支持。

一是加强顶层设计，制定数字普惠金融政策。

二是加大数字普惠金融的基础设施建设，优化数字普惠金融的服务环境。

三是强化数字普惠金融的监管，有效防控风险。

四是鼓励金融机构创新产品服务，拓展数字普惠金融的覆盖深度和广度。

三、完善流通业数字化治理体系

一是政府、行业协会、企业等多元主体制定统一的数据标准，保障数据开放共享。

二是形成政府、企业、协会三方共治格局，提升北京流通业数字化治理能力。

三是充分运用物联网、区块链、人工智能等数字化技术，建立北京统一的流通业数字化监管平台。

四是构建完善的流通业数字化信息安全体系，实现数据信息保护、安全监管，实现智慧监管。

五是加强流通业数据信息保护体系、知识产权追踪和确权体系、数据安全保护体系、数字化信息安全体系的建设。

六是加强流通业数字化消费过程中消费者的隐私保护、平台大数据管理，促进北京流通业数字化规范发展。

七是推进综合行政执法体制改革，加大对生产经营侵权假冒伪劣商品、发布虚假广告等失信行为的治理力度。

四、高度重视流通业数字化人才培养

一是大力发展数字化教育，围绕学科交叉和行业应用，在注重交叉学科知识培养的同时，针对流通业大数据分析开展实践应用能力培养，构建面向新时期北京流通业数字人才培养体系框架。

二是探索产学研相结合的北京流通业数字化人才培养机制和能力体系，加大流通业数字化人才培训力度，实现数字化和业务的充分融合。

三是以高端数字化人才提升助力北京流通业数字素养与技能行动，以高端数字化人才的发展构建培育体系和设施体系。

参考文献

[1] Acemoglu, D., and P. Restrepo. The Race between Man and Machine: Implications of Technology for Growth, Factor Shares, and Employment[J]. The American Economic Review, 2018, 108（6）: 1488–1542.

[2] Aslam, H., C. Blome, S. Roscoe and T. M. Azhar. Determining the Antecedents of Dynamic Supply Chain Capabilities[J]. Supply Chain Management: An International Journal, 2020, 25（4）: 427–442.

[3] Barros, C. P., and C. Alves. An empirical analysis of productivity growth in a Portuguese retail chain using Malmquist productivity index[J]. Journal of Retailing and Consumer Services, 2004, 11（5）: 269–278.

[4] Bart van Ark. The productivity paradox of the new Digital Economy[J]. International Productivity Monitor, 2016（31）: 3–18.

[5] Brynjolfsson, E., D. Rock and C. Syverson. The productivity J–curve: how intangibles complement general purpose technologies[J]. American Economic Journal: Macroeconomics, 2021, 13（1）: 333–372.

[6] Cheng, Z., and Z. Chenghong. Design and simulation of demand information sharing in a supply chain[J]. Economic Management, 2007, 15（1）: 32–46.

[7] Cheng, Z., L. Li and J. Liu. Industrial structure, technical progress and carbon intensity in China's provinces[J]. Renewable and Sustainable Energy Reviews, 2018, 1（81）: 2935–2946.

[8] Chesbrough, H. Open Innovation: The New Imperative for Creating and Profiting from Technology[M]. Cambridge: Harvard Business School Press, 2003: 50–80.

[9] Chesbrough, H. W. Bringing open innovation to services[J]. MIT Sloan Management Review, 2011, 52（2）: 84–90.

[10] Chesbrough, H. W., and A. K. Crowther. Beyond high tech: Early

adopters of open innovation in other industries[J]. R&D Management，2006，36（3）：3229-3236.

[11] Chinn, M. D., and R. W. Fairlie. The determinants of the global digital divide：A across-country analysis of computer and Inter net penetration[J]. Oxford Economic，2006，1（59）：20-40.

[12] Colin, C. J., Y. C. Chenlung and C. Sheu. Effects of Open Innovation and Knowledge-Based Dynamic Capabilities On Radical Innovation：An Empirical Study[J]. Journal of Engineering and Technology，2016，41（7）：79-91.

[13] Dahlander, L., and D. M. Gann. How open is innovation？ [J]. Research Policy，2010，39（6）：699-709.

[14] Dremel, C., M. M. Herterich, J. Wulf and B. J. vom. Actualizing Big Data Analytics Affordances：A Revelatory Case Study[J]. Information & Management. 2020，57（1）：1-21.

[15] Edward, M., and R. K. Crenshaw. Globalization and the digital divide：The roles of structural conduciveness and global connection in internet diffusion[J]. Social Science Quarterly，2006，87（1）：190-207.

[16] Eisenhardt K. M., and M. E. Graebner. Theory Building from Cases：Opportunities and Challenges[J]. Academy of Management Journal, 2007, 50(1): 25-32.

[17] Felin, T., and T. R. Zenger. Closed or open innovation？ Problem solving and the governance choice[J]. Research Policy，2014，43（5）：914-925.

[18] Harbhajan, S. K., and P. S. Varinder. Digital Economy：Impacts，Influences，and Challenges[M]. Hershey：Idea Group Publishing，2005：17-91.

[19] Heeks, R. Researching ICT-Based Enterprise in Developing Countries：Analytical Tools and Models[J]. SSRN Electronic Journal，2008（1）：16-29.

[20] Heo, P. S., and D. H. Lee. Evolution of the linkage structure of ICT industry and its role in the economic system：the case of Korea[J]. Information Technology for Development，2019，25（3）：424-454.

[21] Jarmin, R. S., S. D. Klimek and J. Miranda. Firm entry and exit in the US retail sector, 1977-1997[R]. Working papers, 2004, 19（4）: 49-62.

[22] Jorge, M. J. Productivity growth, technical progress and efficiency change in Spanish retail trade （1995-2004）: a disaggregated sectoral analysis[J]. The International Review of Retail, Distribution and Consumer Research, 2008, 18（1）: 87-103.

[23] Jovanović, M., J. Dlačićand M. Okanović. Digitalization and society's sustainable development-Measures and implications[J]. Proceedings of Rijeka School of Economics, 2018, 36（2）: 905-928.

[24] Jukka, J., and P. Matti. ICT as a source of output and productivity growth in Finland[J]. Telecommunications Policy, 2007, 31（8-9）: 463-472.

[25] Keh, H. T., and S. Chu. Retail productivity and scale economies at the firm level: a DEA approach[J]. Omega, 2003, 31（2）: 75-82.

[26] Kim, S. K., and S. Min. Business Model Innovation Performance: When does Adding a New Business Model Benefit an Incumbent ? [J]. Strategic Entrepreneurship Journal, 2015, 9（1）: 34-57.

[27] Klumpp, M., and D. Loske. Sustainability and Resilience Revisited: Impact of Information Technology Disruptions on Empirical Retail Logistics Efficiency[J]. Sustainability, 2021, 13（10）: 1-20.

[28] Koutanaei F. N., Sajedi H., Khanbabaei M. A Hybrid Data Mining Model of Feature Selection Algorithms and Ensemble Learning Classifiers for Credit Scoring[J]. Journal of Retailing&Consumer Services, 2015, 27（11）: 11-23.

[29] Kuosmanen, T. Stochastic Nonparametric Envelopment of Data: Combining Virtues of SFA and DEA in a Unified Framework [J]. 2006, 6（2）: 47-57.

[30] Landefeld, J. S. and B. M. Fraumeni. "Measuring the New Economy" [J]. Survey of Current Business, 2001, 81（3）: 23-40.

[31] Lichtenthaler, U. Open innovation: Past research, current debates, and future directions[J]. Academy of Management Perspectives, 2011, 25（1）: 75-93.

[32] Lichtenthaler, U. Technology exploitation in the context of open inno-

vation: Finding the right job for your technology[J]. Technovation, 2010, 30(7/8): 429–435.

[33] Mak, H. Y., and Z. J. M. Shen. When Triple-A Supply Chains Meet Digitalization: The Case of JD.com's C2M Model[J]. Production and operations management, 2021, 30（3）: 656–665.

[34] Mazzola, E., G. Perrone and D.S. Kamuriwo. Network embeddedness and new product development in the biopharmaceutical industry: the moderating role of open innovation flow[J]. International Journal of Producation Economics, 2015, 160（2）: 106–119.

[35] Mathews J. A., & Cho, D. S., Tiger Technology: The Creation of a Semiconductor Industry in East Asia. Cambridge: Cambridge University Press, 2000.

[36] Mehra A., Kumar S., Raju J. S. Competitive strategies for brick-and-mortar stores to counter "showrooming" [J]. Management Science, 2017, 64(7): 3076–3090.

[37] Mercalf, C. J. Persistence of Technological Lead-ership: Emerging Technologies and Incremental Innovation[J]. Journal of Industrial Economics, 2011, 59（2）: 199–224.

[38] Moreno, Justo de Jorge. Productivity growth, technical progress and efficiency change in Spanish retail trade （1995–2004）: a disaggregated sectoral analysis[J]. International Review of Retail, Distribution & Consumer Research, 2008, 18（1）: 87–103.

[39] Oliner, S. D., and D. E. Sichel. Information technology and productivity: where are we now and where are we going ? [J]. Journal of policy modeling, 2003, 25（5）: 477–503.

[40] Olofsson, S., M. Hoveskog and F. Halila. Journey and Impact of Business Model Innovation: the Case of a Social Enterprise in the Scandinavian Electricity Retail Market[J]. Journal of Cleaner Production, 2017, 7（175）: 70–81.

[41] Opresnik, D., and M. Taisch. The value of Big Data in servitization[J]. International Journal of Production Economics, 2015, 7（165）: 174–184.

[42] Pan, W., T. Xie, Z. Wang and M. Ma. Digital economy: An innovation driver for total factor productivity[J]. Journal of Business Research, 2022, 2 (139): 303–311.

[43] Pee L. G. Customer co-creation in B2C e-commerce: does it lead to better new products? [J]. Electronic Commerce Research, 2016, 16(2): 1–27.

[44] Ramaswamy, V., and K. Ozcan. Offerings as digitalized interactive platforms: a conceptual framework and implications[J]. Journal of Marketing, 2018, 82 (4): 19–31.

[45] Rong P. On Optimization and Innovation of Rural Circulation System in Western China under the Targeted Poverty Alleviation Strategy[A]. International Conference On Social Science And Higher Education (4th). Vol 181: 699–702, 2018.

[46] Sidorov, A., and P. Senchenko. Regional Digital Economy: Assessment of Development Levels[J]. Mathematics, 2020, 8 (12): 2143.

[47] Spender, J., V. Corvello, M. Grimaldi and P. Rippaand. Startups and Open Innovation: A Review of the Literature[J]. European Journal of Innovation Management, 2017, 20 (1): 4–30.

[48] Tang, R. W., and S. P. Gudergan. A Meta-Analysis of the International Experience-Ownership Strategy Relationship: A Dynamic Capabilities View[J]. Management International Review, 2018, 58 (4): 541–570.

[49] Tapscott, D. The Digital Economy[M]. New York: McGraw-Hill Education, 1994: 35–70.

[50] Teece, D. J., and S. Leih. Uncertainty, Innovation, and Dynamic Capabilities: An Introduction[J]. California Management Review, 2016, 58(4): 5–12.

[51] Trausti, V., G. F. Ulfarsson and S. M. Gardarsson. A Theory of the Evolution of Settlement Structures Based on Identification and Use of Patterns: Iceland as a Case Study [J]. Futures, 2013, 11 (54): 19–32.

[52] Vahlne, J. E., and W. A. Bhatti. Relationship Development: A Micro-Foundation for the Internationalization Process of the Multinational Business Enterprise[J]. Management International Review, 2019, 59 (2): 203–228.

[53] Vaz, C. B., A. S. Camanho and R. C. Guimaraes. The assessment of retailing efficiency using network data envelopment analysis[J]. Annals of operations research, 2010, 173（1）: 5–24.

[54] Wamba, S. F., A. Gunasekar, S. Akter, S.J. Ren, R. Dubey and S.J. Childe. Big data analytics and firm performance: effects of dynamic capabilities[J]. Journal of Business Research, 2017, 1（70）: 356–365.

[55] Wang, T., and Y. Chen. Capability Stretching in Product Innovation[J]. Journal of Management, 2018, 44（2）: 784–810.

[56] Warner, K. S. R., and M. Wäger. Building dynamic capabilities for digital transformation: an ongoing process of strategic renewal[J]. Long Range Planning, 2019, 52（3）: 326–349.

[57] Wooseung, J., and M. K. Cerry. Supply chain models for small agricultural enterprises[J]. Annals of Operations Research, 2011, 190（1）: 359–374.

[58] Ye, J., and A. Kankanhalli. Exploring innovation through open networks: A review and initial research questions[J]. IIMB Management Review, 2013, 25（2）: 69–82.

[59] Yu, W., and R. Ramanathan. An assessment of operational efficiencies in the UK retail sector[J]. International Journal of Retail & Distribution Management, 2008, 36（11）: 861–882.

[60] Ziyae, B., H. Sadeghi and M. Golmohammadi. Service innovation in the hotel industry: the dynamic capabilities view[J]. Journal of Enterprising Communities People and Places in the Global Economy, 2021（5）: 34–56.

[61] 白雪洁，宋培，李琳，廖赛男. 数字经济能否推动中国产业结构转型：基于效率型技术进步视角 [J]. 西安交通大学学报（社会科学版），2021, 41（6）: 1–15.

[62] 白永秀，宋丽婷. 数字经济对经济活动影响的政治经济学分析 [J]. 兰州大学学报（社会科学版），2021, 49（4）: 78–85.

[63] 柏培文，张云. 数字经济、人口红利下降与中低技能劳动者权益[J]. 经济研究，2021, 56（5）: 91–108.

[64] 蔡超. 论数字平台的兴起与数据商品的生成：基于马克思主义流

通理论的考察 [J]. 消费经济，2020，36（6）：17-24.

[65] 蔡跃洲，牛新星. 中国数字经济增加值规模测算及结构分析 [J]. 中国社会科学，2021（11）：4-30.

[66] 蔡跃洲，张钧南. 信息通信技术对中国经济增长的替代效应与渗透效应 [J]. 经济研究，2015，50（12）：100-114.

[67] 蔡跃洲. 数字经济的增加值及贡献度测算：历史沿革、理论基础与方法框架 [J]. 求是学刊，2018，45（5）：65-71.

[68] 曹萍萍，徐晓红，李壮壮. 中国数字经济发展的区域差异及空间收敛趋势 [J]. 统计与决策，2022，38（3）：22-27.

[69] 茶洪旺，左鹏飞. 信息化对中国产业结构升级影响分析：基于省级面板数据的空间计量研究 [J]. 经济评论，2017（1）：80-89.

[70] 车树林，王琼. 数字经济时代文化产业高质量发展的动力变革与路径选择 [J]. 学术交流，2022（1）：114-125+192.

[71] 陈福中，刘向东. 开放经济条件下外资进入对中国流通企业的影响：基于批发和零售业企业省级面板数据的实证考察 [J]. 财贸经济，2013（3）：103-111.

[72] 陈剑，黄朔，刘运辉. 从赋能到使能：数字化环境下的企业运营管理 [J]. 管理世界，2020（2）：117-128.

[73] 陈文玲. 从世界潮流看中国流通领域的误区 [J]. 国际经济评论，2004（4）：12-17.

[74] 陈向武. 科技进步贡献率与全要素生产率：测算方法与统计现状辨析 [J]. 西南民族大学学报（人文社科版），2019，40（7）：107-115.

[75] 陈小辉，张红伟，吴永超. 数字经济如何影响产业结构水平 [J]. 证券市场导报，2020（7）：20-29.

[76] 陈晓斌，张玉荣，刘斌. 人工智能、技术创新与效率变革 [J]. 生产力研究，2021（8）：66-71+123.

[77] 陈晓红，李杨扬，宋丽洁，汪阳洁. 数字经济理论体系与研究展望[J]. 管理世界，2022，38（2）：208-224+13-16.

[78] 陈晓红. 数字经济时代的技术融合与应用创新趋势分析 [J]. 中南大学学报（社会科学版），2018，24（5）：1-8.

[79] 陈宇峰，章武滨. 中国区域商贸流通效率的演进趋势与影响因素 [J].

产业经济研究，2015（1）：53-60.

[80] 初天天 . 新时代背景下流通产业效率提升研究 [J]. 对外经贸，2019（2）：60 - 61 + 71.

[81] 崔占峰，崔宏瑜，王瑾珑 . 新型消费中的"云摊"说服力建构逻辑：基于社交电商拓展形态的扎根分析 [J]. 中国流通经济，2021，35（11）：33-43.

[82] 单豪杰 . 中国资本存量 K 的再估算：1952—2006 年 [J]. 数量经济技术经济研究，2008，25（10）：17-31.

[83] 丁俊发 . 构建现代流通体系面临的形势和任务 [J]. 中国流通经济，2007（2）：8-11.

[84] 丁守海，徐政 . 新格局下数字经济促进产业结构升级：机理、堵点与路径 [J]. 理论学刊，2021（3）：68-76.

[85] 丁志帆 . 数字经济驱动经济高质量发展的机制研究：一个理论分析框架 [J]. 现代经济探讨，2020（1）：85-92.

[86] 董承华，刘国辉 . 信息技术提升流通业效率的路径研究 [J]. 北京工商大学学报（社会科学版），2013，28（2）：31-34.

[87] 董有德，米筱筱 . 互联网成熟度、数字经济与中国对外直接投资：基于 2009—2016 年面板数据的实证研究 [J]. 上海经济研究，2019（3）：65-74.

[88] 杜传忠，马武强 . 信息化与我国产业结构的跨越式升级 [J]. 山东社会科学，2003（4）：68-70.

[89] 杜华勇，王节祥，李其原 . 产业互联网平台价值共创机理：基于宏图智能物流的案例研究 [J]. 商业经济与管理，2021（3）：5-18.

[90] 范合君，吴婷 . 数字化能否促进经济增长与高质量发展：来自中国省级面板数据的经验证据 [J]. 管理学刊，2021（3）：36-53.

[91] 范周 . 数字经济变革中的文化产业创新与发展 [J]. 深圳大学学报（人文社会科学版），2020，37（1）：50-56.

[92] 冯军政，王海军，周丹，金姝彤 . 数字平台架构与整合能力的价值创造机制研究 [J]. 科学学研究，2021（7）：1-12.

[93] 冯素玲，许德慧 . 数字产业化对产业结构升级的影响机制分析：基于 2010—2019 年中国省际面板数据的实证分析 [J]. 东岳论丛，2022（1）：

136-149+192.

[94] 冯永晟，张昊 . 网络效应、需求行为与市场规模：基于邮政快递业的实证研究 [J]. 中国工业经济，2021（1）：115-135.

[95] 高铁生 . 发挥流通产业先导作用 助推经济发展方式转变 [J]. 经济研究参考，2012（10）：37-39.

[96] 古川，黄安琪 . 数字化背景下农产品批发业经营效率的变化：基于面板门槛模型的实证检验 [J]. 中国流通经济，2021，35（6）：17-27.

[97] 谷方杰，张文锋 . 基于价值链视角下企业数字化转型策略探究：以西贝餐饮集团为例 [J]. 中国软科学，2020（11）：134-142.

[98] 郭炳南，王宇，张浩 . 数字经济、绿色技术创新与产业结构升级：来自中国 282 个城市的经验证据 [J]. 兰州学刊，2022（2）：58-73.

[99] 郭功星，龚婵娟，苟万幸 . 数字也能说话：数字元素的消费心理感知述评及营销展望 [J]. 消费经济，2021，37（1）：87-94.

[100] 郭吉涛，梁爽 . 数字经济对中国全要素生产率的影响机理：提升效应还是抑制效果？[J]. 南方经济，2021（10）：9-27.

[101] 郭守亭，俞彤晖 . 中国流通效率的测度与演进趋势 [J]. 北京工商大学学报（社会科学版），2013，28（6）：12-19.

[102] 郭燕，王凯，陈国华 . 基于线上线下融合的传统零售商转型升级研究 [J]. 中国管理科学，2015，23（S1）：726-731.

[103] 郝玉柱 . 双循环新发展格局下统筹推进现代流通体系建设观点综述 [J]. 中国流通经济，2020，34（11）：3-17.

[104] 郝身永 ."互联网 +"商业模式的多重竞争优势研究 [J]. 经济问题探索，2015（9）：41-44+148.

[105] 何文彬 . 全球价值链视域下数字经济对我国制造业升级重构效应分析 [J]. 亚太经济，2020（3）：115-130+152.

[106] 何小钢 . 核心资源、动态能力与跨产业升级：基于科技企业的跨案例研究 [J]. 科学学与科学技术管理，2019，40（10）：129-145.

[107] 洪涛 . 降低流通成本、提高流通效率的路径选择 [J]. 中国流通经济，2012（12）：30-35.

[108] 洪涛 . 中国特色创新流通体系构建及完善 [J]. 商业时代，2013（24）：20-23.

[109] 胡保亮，田茂利，刘广.资源重构能力与商业模式创新：基于动态能力束的观点 [J].科研管理，2021（10）：1–13.

[110] 胡钧，张洁洁，韩保庆.马克思商品流通理论视角下的平台经济发展研究 [J].经济纵横，2022（2）：19–26.

[111] 胡乐炜，赵晶，江毅.基于互联网平台的服务型企业知识共享能力形成及作用过程研究：权变理论视角 [J].管理评论，2018，30（10）：95–105.

[112] 胡亚光.中国旅游产业效率区域评价及其解构分析：基于 SFA 的实证研究 [J].当代财经，2019（10）：107–119.

[113] 胡永铨，齐亚峰.网络经济下传统商贸流通平台升级研究 [J].浙江工商大学学报，2016（5）：78–86.

[114] 胡艳，王艺源，唐睿.数字经济对产业结构升级的影响 [J].统计与决策，2021，37（17）：15–19.

[115] 胡永仕，许明星.流通产业对区域经济增长作用的经济学分析：基于福建省的实证研究 [J].北京交通大学学报（社会科学版），2015，14（2）：92–101.

[116] 胡宗彪，朱明进.中国流通服务业生产率的部门及区域差异研究 [J].山西财经大学学报，2016（8）：35–45.

[117] 黄宏斌，刘倩茹，冯皓.数字经济时代"互联网 +"是上市公司逆袭的利器吗？：基于自媒体新产品信息披露的研究 [J].外国经济与管理，2021，43（5）：137–152.

[118] 黄漫宇，李圆颖.零售企业全渠道发展水平对经营效率的影响路径及效应研究 [J].北京工商大学学报（社会科学版），2017，32（6）：35–44.

[119] 黄蕊，李雪威.数字技术提升中国旅游产业效率的机理与路径 [J].当代经济研究，2021（2）：75–84.

[120] 黄蕊，徐倩.产业发展的效率锁定与效率变革：基于"文化 + 旅游"产业融合视域 [J].江汉论坛，2020（8）：37–45.

[121] 惠宁，杨昕.数字经济驱动与中国制造业高质量发展 [J].陕西师范大学学报（哲学社会科学版），2022，51（1）：133–147.

[122] 蹇令香，苏宇凌，曹珊珊.数字经济驱动沿海地区海洋产业高质

量发展研究 [J]. 统计与信息论坛，2021，36（11）：28-40.

[123] 江小涓，罗立彬. 网络时代的服务全球化：新引擎、加速度和大国竞争力 [J]. 中国社会科学，2019（2）：68-91+205-206.

[124] 江小涓. 网络空间服务业：效率、约束及发展前景：以体育和文化产业为例 [J]. 经济研究，2018，53（4）：4-17.

[125] 姜南，李鹏媛，欧忠辉. 知识产权保护、数字经济与区域创业活跃度 [J]. 中国软科学，2021（10）：171-181.

[126] 焦豪，杨季枫，王培暖，李倩. 数据驱动的企业动态能力作用机制研究：基于数据全生命周期管理的数字化转型过程分析 [J]. 中国工业经济，2021（11）：174-192.

[127] 焦勇. 数字经济赋能制造业转型：从价值重塑到价值创造 [J]. 经济学家，2020（6）：87-94.

[128] 金福子，刘洋. 制度创新对产业转型升级影响的区域性差异 [J]. 北京工业大学学报（社会科学版），2017，17（5）：43-49+82.

[129] 荆文君，孙宝文. 数字经济促进经济高质量发展：一个理论分析框架 [J]. 经济学家，2019（2）：66-73.

[130] 康铁祥. 中国数字经济规模测算研究 [J]. 当代财经，2008，（3）：118-121.

[131] 克里斯·安德森. 长尾理论 [M]. 乔江涛，石晓燕，译. 北京：中信出版社，2009.

[132] 寇荣，谭向勇. 蔬菜批发主体技术效率分析：基于北京市场的调查 [J]. 中国农村观察，2008（2）：2-12+81.

[133] 雷蕾. 纯实体零售、网络零售、多渠道零售企业效率比较研究 [J]. 北京工商大学学报（社会科学版），2018，33（1）·44-51+113

[134] 厉以宁. 振兴"中华老字号"重在体制转型和观念更新 [N]. 人民日报，2016-11-10（7）.

[135] 李春发，李冬冬，周驰. 数字经济驱动制造业转型升级的作用机理：基于产业链视角的分析 [J]. 商业研究，2020（2）：73-82.

[136] 李富. 中小城市老字号集聚数字化体系架构：基于消费转型趋势 [J]. 技术经济与管理研究，2020（6）：98-102.

[137] 李谷成，蔡慕宁，叶锋. 互联网、人力资本和农业全要素生产率

增长 [J]. 湖南农业大学学报（社会科学版），2021，22（4）：16-23.

[138] 李浩，黄繁华. 数字经济能否促进服务消费？[J]. 现代经济探讨，2022（3）：14-25+123.

[139] 李慧泉，简兆权. 数字经济发展对技术企业的资源配置效应研究 [J]. 科学学研究，2022（2）：1-17.

[140] 李骏阳，余鹏. 对我国流通效率的实证分析 [J]. 商业经济与管理，2009（11）：14-20.

[141] 李美羽，王成敏. "互联网+"背景下鲜活农产品流通渠道模式优化研究 [J]. 北京交通大学学报（社会科学版），2019（1）：102-114.

[142] 李梦娜，周云波. 数字经济发展的人力资本结构效应研究 [J]. 经济与管理研究，2022，43（1）：23-38.

[143] 李帅娜. 数字技术赋能服务业生产率：理论机制与经验证据 [J]. 经济与管理研究，2021，42（10）：51-67.

[144] 李晓慧. 生产率分解下流通业内部结构演化及异质性研究 [J]. 商业经济与管理，2019（1）：16-24.

[145] 李晓雪，路红艳，林梦. 零售业数字化转型机理研究 [J]. 中国流通经济，2020，34（4）：32-40.

[146] 李晓钟，吴甲戌. 数字经济驱动产业结构转型升级的区域差异 [J]. 国际经济合作，2020（4）：81-91.

[147] 李亚波，崔洁. 数字经济的出口质量效应研究 [J]. 世界经济研究，2022（3）：17-32+134.

[148] 李长江. 关于数字经济内涵的初步探讨 [J]. 电子政务，2017（9）：84-92.

[149] 李智. "中国特色"语境下的现代流通体系发展方略研究 [J]. 中国软科学，2012（4）：1-10.

[150] 李治国，车帅，王杰. 数字经济发展与产业结构转型升级：基于中国 275 个城市的异质性检验 [J]. 广东财经大学学报，2021，36（5）：27-40.

[151] 梁琳. 人工智能政策对我国金融产业效率的影响：基于金融产业资源配置效率视角 [J]. 税务与经济，2021（3）：63-72.

[152] 梁琦，肖素萍，李梦欣. 数字经济发展提升了城市生态效率吗？：

基于产业结构升级视角 [J]. 经济问题探索，2021（6）：82-92.

[153] 刘大为，李淑文. 互联网对家庭消费影响的结构性差异：基于 CFPS2018 微观数据的分析 [J]. 中国流通经济，2021，35（7）：40-50.

[154] 刘鸿宇. 数字共享经济平台价值共创的伦理探析 [J]. 科学学研究，2021（11）：1-13.

[155] 刘家旗，茹少峰. 数字经济如何影响经济高质量发展：基于国际比较视角 [J]. 经济体制改革，2022（1）：157-163.

[156] 刘军，杨渊鋆，张三峰. 中国数字经济测度与驱动因素研究 [J]. 上海经济研究，2020（6）：81-96.

[157] 刘瑞娟，王建伟，黄泽滨. 交通基础设施、空间溢出效应与物流产业效率：基于"丝绸之路经济带"西北5省区的实证研究 [J]. 工业技术经济，2017，36（6）：21-27.

[158] 刘洋，魏江，应瑛. 组织二元性：管理研究的一种新范式 [J]. 浙江大学学报（人文社会科学版），2011，41（6）：132-142.

[159] 刘向东，汤培青. 实体零售商数字化转型过程的实践与经验：基于天虹股份的案例分析 [J]. 北京工商大学学报（社会科学版），2018，33（4）：12-21.

[160] 柳思维，周洪洋. 我国流通产业全要素生产率空间关联和影响因素研究 [J]. 北京工商大学学报（社会科学版），2018，33（2）：38-50.

[161] 龙金茹，钟昌标. 我国商贸流通业外资进入的就业门槛效应研究 [J]. 科学决策，2021（9）：84-93.

[162] 罗珉，李亮宇. 互联网时代的商业模式创新：价值创造视角 [J]. 中国工业经济，2015（1）：95-107.

[163] 罗宇昕，李书娟，沈克印，刘璐. 数字经济引领体育产业高质量发展的多维价值及推进方略 [J]. 西安体育学院学报，2022，39（1）：64-72.

[164] 马赛，李晨溪. 基于悖论管理视角的老字号企业数字化转型研究：以张弓酒业为例 [J]. 中国软科学，2020（4）：184-192.

[165] 梅林，张杰，杨先花. 我国区际产业转移与对接机制研究：区际产业链视角 [J]. 科技进步与对策，2018，35（3）：29-34.

[166] 欧阳小迅，黄福华. 我国农产品流通效率的度量及其决定因素：

2000-2009[J].农业技术经济，2011（2）：76-84.

[167] 潘闻闻，芮明杰.基于产业层面的耦合型开放式创新影响机制研究[J].复旦学报（社会科学版），2021，63（3）：174-185.

[168] 裴长洪，倪江飞，李越.数字经济的政治经济学分析[J].财贸经济，2018，39（9）：5-22.

[169] 彭灿，汪鹏志，杨晓娜.企业开放式创新与突破性创新能力的关系：有调节的中介效应[J].科技管理研究，2019（13）：24-32.

[170] 彭影.数字经济下创新要素综合配置与产业结构调整[J].当代经济管理，2021，44（12）：1-11.

[171] 戚聿东，肖旭.数字经济时代的企业管理变革[J].管理世界，2020（6）：135-152+250.

[172] 戚聿东，褚席.数字经济发展促进产业结构升级机理的实证研究[J].学习与探索，2022（4）：111-120.

[173] 邱海洋.共享能力对区域创新效率影响的实证检验[J].统计与决策，2019，35（4）：105-108.

[174] 邱子迅，周亚虹.数字经济发展与地区全要素生产率：基于国家级大数据综合试验区的分析[J].财经研究，2021（4）：1-14.

[175] 任波，黄海燕.数字经济驱动体育产业高质量发展的理论逻辑、现实困境与实施路径[J].上海体育学院学报，2021，45（7）：22-34+66.

[176] 林周二.流通革命：产品、路径及消费者[M].史国安，杨元敏，译.北京：华夏出版社，2000.

[177] 茹少峰，魏博阳，刘家旗.以效率变革为核心的我国经济高质量发展的实现路径[J].陕西师范大学学报（哲学社会科学版），2018，47（3）：114-125.

[178] 申明浩，谭伟杰，陈钊泳.数字经济发展对企业创新的影响：基于A股上市公司的经验证据[J].南方金融，2022（3）：1-15.

[179] 申鹏鹏，周年兴，张允翔，王坤，李在军.基于DEA-Malmquist指数二次分解模型的江苏省旅游产业效率时空演变及影响因素[J].长江流域资源与环境，2018，27（1）：53-62.

[180] 沈华夏，殷凤.全球价值链视角下零售业效率测度与升级策略：结合"新零售"实践探索的新思路[J].中国流通经济，2019，33（6）：3-13.

[181] 沈克印，曾玉兰，董芹芹，牟郯琳，吕万刚. 数字经济驱动体育产业高质量发展的理论阐释与实践路径 [J]. 武汉体育学院学报，2021，55（10）：5-12.

[182] 沈江建，龙文. 负产出在 DEA 模型中的处理：基于软件 DEAP 的运用 [C]. 中国管理现代化研究会，复旦管理学奖励基金会. 第十届（2015）中国管理学年会论文集，2015.

[183] 石树文. 我国现代流通体系建设的四个重点 [J]. 商业研究，2010（6）：53.

[184] 宋则. 流通产业地位和效能需要重新看 [J]. 中国经贸导刊，2003（19）：37.

[185] 宋则. 筑牢现代流通体系高质量发展的微观基础 [J]. 中国流通经济，2018，32（12）：14-19.

[186] 孙才志，宋现芳. 数字经济时代下的中国海洋经济全要素生产率研究 [J]. 地理科学进展，2021，40（12）：1983-1998.

[187] 孙畅，吴立力. 长江经济带流通业全要素生产率增长及行业异质性的实证研究 [J]. 管理现代化，2017，37（1）：29-32.

[188] 孙金秀. 现代流通业效率指标体系的构建与评价：基于中国 30 个省际数据的比较分析 [J]. 商业经济与管理，2014（6）：14-21.

[189] 孙丽文，杜娟. 基于推拉理论的生态产业链形成机制研究 [J]. 科技管理研究，2016，36（16）：219-224.

[190] 孙国强，李腾. 数字经济背景下企业网络数字化转型路径研究 [J]. 科学学与科学技术管理，2021，42（1）：128-145.

[191] 孙前进. 中国现代流通体系框架构成探索 [J]. 中国流通经济，2011，25（10）：12-16.

[192] 孙早，侯玉琳. 人工智能发展对产业全要素生产率的影响：一个基于中国制造业的经验研究 [J]. 经济学家，2021（1）：32-42.

[193] 唐红涛，陈欣如，张俊英. 数字经济、流通效率与产业结构升级 [J]. 商业经济与管理，2021（11）：5-20.

[194] 唐杰. 全球数字经济发展现状分析及展望 [J]. 经济研究参考，2018（51）：43-52.

[195] 田红彬，杨秀云，田启涛. 数字经济时代零售业态演化与企业绩

效实证研究 [J]. 经济经纬，2021，38（2）：91-101.

[196] 陶金元，王晓芳. 数字经济驱动创新发展的挑战与对策 [J]. 宏观经济管理，2021（6）：18-25.

[197] 涂圣伟. "十四五"时期畅通城乡经济循环的动力机制与实现路径 [J]. 改革，2021（10）：22-30.

[198] 万晓榆，罗焱卿. 数字经济发展水平测度及其对全要素生产率的影响效应 [J]. 改革，2022（1）：101-118.

[199] 汪涛武，王燕. 基于大数据的制造业与零售业融合发展：机理与路径 [J]. 中国流通经济，2018，32（1）：20-26.

[200] 汪旭晖，文静怡. 我国农产品物流效率及其区域差异：基于省际面板数据的 SFA 分析 [J]. 当代经济管理，2015，37（1）：26-32.

[201] 汪旭晖，赵博. 新发展格局下流通业促进形成强大国内市场的内在机制与政策思路 [J]. 经济学家，2021（10）：81-89.

[202] 王昌林. 企业技术创新动态能力三要素 [J]. 企业管理，2017（5）：121-123.

[203] 王春豪，袁菊. 西部地区现代流通业效率测度及空间差异分析：基于非径向超效率三阶段 DEA 模型 [J]. 工业技术经济，2019，38（12）：102-110.

[204] 王娟娟，史锦梅. 基于推拉理论构建欠发达地区承接产业转移的动力系统模型 [J]. 经济研究参考，2013（47）：65-69+111.

[205] 王军，朱杰，罗茜. 中国数字经济发展水平及演变测度 [J]. 数量经济技术经济研究，2021，38（7）：26-42.

[206] 王砚羽，苏欣，谢伟. 商业模式采纳与融合："人工智能+"赋能下的零售企业多案例研究 [J]. 管理评论，2019，31（7）：186-198.

[207] 王凯，吴勇，朱卫东. 开放式创新模式下企业创新资源整合能力的形成机理 [J]. 科技管理研究，2018，38（1）：25-29.

[208] 王良举，王永培. 我国农村流通产业技术效率及其影响因素：基于随机前沿模型的分析 [J]. 北京工商大学学报（社会科学版），2011，26（3）：60-64.

[209] 王强，王超，刘玉奇. 数字化能力和价值创造能力视角下零售数字化转型机制：新零售的多案例研究 [J]. 研究与发展管理，2020，32（6）：

50–65.

[210] 王晓东，陈梁，武子歆．流通业效率对制造业绩效的影响：兼论供给侧结构性改革中的流通先导性 [J]．经济理论与经济管理，2020（4）：82–99.

[211] 王晓东，王诗桪．中国商品流通效率及其影响因素测度：基于非线性流程的 DEA 模型改进 [J]．财贸经济，2016（5）：119–130+159.

[212] 王孝松，张瑜．企业规模与创新效率：基于中国高技术产业的经验分析 [J]．吉林大学社会科学学报，2021，61（3）：129–141+236–237.

[213] 王先庆．新发展格局下现代流通体系建设的战略重心与政策选择：关于现代流通体系理论探索的新框架 [J]．中国流通经济，2020，34（11）：18–32.

[214] 王笑宇，廖斌．商贸流通业基础性和先导性作用的再认识：基于投入产出模型分析 [J]．北京工商大学学报（社会科学版），2014，29（3）：39–47.

[215] 王兆峰，杨显．基于 DEA–Malmquist 模型的中部城市群旅游产业效率评价研究 [J]．旅游科学，2018，32（3）：27–38.

[216] 王兆峰，赵松松．基于 DEA–Malmquist 模型的湖南省旅游产业效率时空动态演化及影响因素 [J]．长江流域资源与环境，2019，28（8）：1886–1897.

[217] 魏鹏举．数字经济与中国文化产业高质量发展的辨析 [J]．福建论坛（人文社会科学版），2021（11）：65–72.

[218] 邬彩霞，高媛．数字经济驱动低碳产业发展的机制与效应研究 [J]．贵州社会科学，2020（11）：155–161.

[219] 巫景飞，汪晓月．基于最新统计分类标准的数字经济发展水平测度 [J]．统计与决策，2022，38（3）：16–21.

[220] 吴海宁．传统制造业升级时期产业动态能力形成研究：基于上海纺织产业升级的案例分析 [J]．科技进步与对策，2015，32（19）：40–44.

[221] 吴悦，李小平，涂振洲，顾新，张莉．知识流动视角下动态能力影响产学研协同创新过程的实证研究 [J]．科技进步与对策，2020，37（8）：115–123.

[222] 夏清华，何丹．企业成长不同阶段动态能力的演变机理：基于腾

讯的纵向案例分析 [J]. 管理案例研究与评论，2019，12（5）：464-476.

[223] 向佐谊，童乙伦，曾明星. 基于社会分工视角的流通产业演进机理与定位研究 [J]. 财经论丛，2013（3）：98-103.

[224] 肖利平. "互联网 +" 提升了我国装备制造业的全要素生产率吗 [J]. 经济学家，2018（12）：38-46.

[225] 谢康，吴瑶，肖静华，廖雪华. 组织变革中的战略风险控制：基于企业互联网转型的多案例研究 [J]. 管理世界，2016（2）：133-148+188.

[226] 谢莉娟，黎莎，王晓东. 中国零售业自营与联营问题的流通经济学分析 [J]. 商业经济与管理，2019（5）：5-14.

[227] 谢莉娟，万长松，武子歆. 流通业发展对城乡收入差距的影响：基于公有制经济调节效应的分析 [J]. 中国农村经济，2021（6）：111-127.

[228] 谢莉娟，王晓东. 数字化零售的政治经济学分析 [J]. 马克思主义研究，2020（2）：100-110.

[229] 谢莉娟，张昊. 国内市场运行效率的互联网驱动：计量模型与案例调研的双重验证 [J]. 经济理论与经济管理，2015（9）：40-55.

[230] 谢莉娟，庄逸群. 数字经济时代的中国流通改革与政府职能：结合企业微观机制的考察 [J]. 中国行政管理，2021（8）：55-61.

[231] 谢莉娟，庄逸群. 自营式电商的数字化升级机理 [J]. 商业经济与管理，2021（1）：5-15.

[232] 邢小强，汤新慧，王珏，张竹. 数字平台履责与共享价值创造：基于字节跳动扶贫的案例研究 [J]. 管理世界，2021，37（12）：152-176.

[233] 熊胜绪，崔海龙，杜俊义. 企业技术创新动态能力理论探析 [J]. 中南财经政法大学学报，2016（3）：32-37.

[234] 徐维祥，周建平，周梦瑶，郑金辉，刘程军. 数字经济空间联系演化与赋能城镇化高质量发展 [J]. 经济问题探索，2021（1）：141-151.

[235] 许恒，张一林，曹雨佳. 数字经济、技术溢出与动态竞合政策 [J]. 管理世界，2020，36（11）：63-84.

[236] 许宪春，张美慧. 中国数字经济规模测算研究：基于国际比较的视角 [J]. 中国工业经济，2020（5）：23-41.

[237] 杨波. 我国零售业上市公司经营效率评价与分析 [J]. 山西财经大学学报，2012，34（1）：52-61.

[238] 杨水根，张川，董晓雪 . 流通效率提升与消费扩容升级：基于2003—2018 年中国省际面板数据的实证研究 [J]. 消费经济，2020，36（4）：67–76.

[239] 叶海波 . 新发展阶段数字经济驱动体育产业高质量发展研究 [J]. 体育学研究，2021，35（5）：9–18.

[240] 易加斌，张梓仪，杨小平，王宇婷 . 互联网企业组织惯性、数字化能力与商业模式创新：企业类型的调节效应 [J]. 南开管理评论，2021（11）：1–27.

[241] 尤建新，邵鲁宁，薛奕曦，宋燕飞 . 产业创新生态系统：理论与案例 [M]. 北京：清华大学出版社，2017.

[242] 约瑟夫 · 熊彼特 . 经济发展理论 [M]. 何畏，易家详，等译 . 北京：商务印书馆，1990.

[243] 于左，张芝秀，王昊哲 . 交叉网络外部性、独家交易与互联网平台竞争 [J]. 改革，2021（10）：131–144.

[244] 余东华，韦丹琳 . 互联网应用、技能溢价与制造业全要素生产率：兼论如何有效化解"索洛悖论" [J]. 财经问题研究，2021（10）：40–48.

[245] 余姗，樊秀峰，蒋皓文 . 数字经济对我国制造业高质量走出去的影响：基于出口技术复杂度提升视角 [J]. 广东财经大学学报，2021，36（2）：16–27.

[246] 俞彤晖，陈斐 . 数字经济时代的流通智慧化转型：特征、动力与实现路径 [J]. 中国流通经济，2020，34（11）：33–43.

[247] 俞彤晖，郭守亭 . 中国流通效率的区域差异研究 [J]. 河南社会科学，2014，22（5）：66–70.

[248] 俞彤晖 . 广东省流通效率演进趋势及现状研究 [J]. 广东财经大学学报，2014，29（5）：68–77.

[249] 袁红军 . 基于知识整合能力的 CDRS 创新绩效过程模型构建 [J]. 图书馆学研究，2013（9）：44–47.

[250] 曾世宏，高亚林 . 互联网技术创新驱动服务业转型升级的机理、路径与对策 [J]. 湖南科技大学学报（社会科学版），2016，19（5）：123–127.

[251] 翟文静，许学军 . 浙江省数字经济发展水平评价研究 [J]. 科技和

产业，2022，22（2）：283-286．

[252] 张伯超，沈开艳．"一带一路"沿线国家数字经济发展就绪度定量评估与特征分析 [J]. 上海经济研究，2018（1）：94-103．

[253] 张弘，昝杨杨．我国流通业与制造业的互动研究：基于动态联立方程的估计 [J]. 贵州社会科学，2020（8）：128-136．

[254] 张宏，刘林清 流通创新对产业效率提升的影响 [J]. 北京工商大学学报（社会科学版），2010，25（4）：31-34．

[255] 张凌洁，马立平．数字经济、产业结构升级与全要素生产率 [J]. 统计与决策，2022（3）：5-10．

[256] 张龙鹏，周笛．服务业信息技术应用与生产率提升：来自中国企业的经验研究 [J]. 财贸研究，2020（6）：1-13．

[257] 张建军，赵启兰．新零售驱动下流通供应链商业模式转型升级研究 [J]. 商业经济与管理，2018（11）：5-15．

[258] 张雪玲，焦月霞．中国数字经济发展指数及其应用初探 [J]. 浙江社会科学，2017（4）：32-40+157．

[259] 张勋，万广华，张佳佳，何宗樾．数字经济、普惠金融与包容性增长 [J]. 经济研究，2019，54（8）：71-86．

[260] 张焱．数字经济、溢出效应与全要素生产率提升 [J]. 贵州社会科学，2021（3）：139-145．

[261] 张于喆．数字经济驱动产业结构向中高端迈进的发展思路与主要任务 [J]. 经济纵横，2018（9）：85-91．

[262] 张振刚，王华岭，陈志明，高晓波．企业内向型开放式创新对根本性创新绩效的影响 [J]. 管理学报，2017，14（10）：1465-1474．

[263] 赵涛，张智，梁上坤．数字经济、创业活跃度与高质量发展：来自中国城市的经验证据 [J]. 管理世界，2020，36（10）：65-76．

[264] 赵西三．数字经济驱动中国制造转型升级研究 [J]. 中州学刊，2017（12）：36-41．

[265] 赵霞，万长松，宣红岩．低碳约束下中国流通业效率的区域差异：基于三阶段 DEA 模型的测算 [J]. 北京工商大学学报（社会科学版），2018，33（5）：41-52．

[266] 赵霞，荆林波．网络零售对地区经济差距的影响：收敛还是发散？

[J]. 商业经济与管理，2017（12）：5–14.

[267] 周成，冯学钢. 基于"推—拉"理论的旅游业季节性影响因素研究 [J]. 经济问题探索，2015（10）：33–40.

[268] 周江，胡静锋，王波. 中国能源产业效率测量及比较分析 [J]. 经济问题，2018（8）：60–65.

[269] 周振华. 论信息化进程中的产业关联变化 [J]. 产业经济研究，2004（2）：1–8+18.

[270] 周之瀚，杨曦. 数字经济的产业效应：基于数据要素化的理论分析 [J]. 当代财经，2021（12）：101–114.

[271] 朱建良，王廷才. 数字经济: 中国经济创新增长"新蓝图"[M]. 北京：人民邮电出版社，2017.

[272] 朱震锋，曹玉昆. 多阶段 DEA–Malmquist 指数模型下多种经营产业效率测算：基于 2007—2015 年的经验数据 [J]. 经济问题，2017（3）：56–61.

[273] 祝合良，王春娟. "双循环"新发展格局战略背景下产业数字化转型：理论与对策 [J]. 财贸经济，2021（3）：1–14.

[274] 祝合良，王春娟. 数字经济引领产业高质量发展：理论、机理与路径 [J]. 财经理论与实践，2020，41（5）：2–10.

[275] 祝合良，杨光，王春娟. 双循环新发展格局下现代流通体系建设思路 [J]. 商业经济与管理，2021（4）：5–16.

[276] 祝合良. 双循环新格局下"十四五"我国现代流通体系高质量发展 [J]. 中国流通经济，2022，36（2）：3–10.

[277] 祝合良等. 中国商品流通的规范与发展 [M]. 北京：首都经济贸易大学出版社，2018.